I0793794

LA PRECIOSIDAD DE CRISTO

BERNARDO STAMATEAS

LA PRECIOSIDAD DE CRISTO

WHITAKER HOUSE
Español

LA PRECIOSIDAD DE CRISTO

Lecturas diarias para un encuentro sanador con Jesús

Bernardo Stamateas

Edición: Henry Tejada Portales

ISBN: 979-8-88769-358-3
eBook ISBN: 979-8-88769-359-0
Impreso en Estados Unidos de América

Whitaker House
1030 Hunt Valley Circle
New Kensington, PA 15068
www.espanolwh.com

Por favor, envíe sugerencias sobre este libro a: comentarios@whitakerhouse.com.

1 2 3 4 5 6 7 8 9 10 11 32 31 30 29 28 27 26 25

ÍNDICE

INTRODUCCIÓN

Escribí estas líneas con adoración y oración hacia Él; fue una experiencia con amor y temor reverente, con alegría y silencio respetuoso, con asombro y lágrimas.

Te invito a leer-orar cada punto; no leas mucho y hazlo lentamente. Al hacerlo, toca Su Presencia y disfruta de Él.

Este libro fue escrito para volver a Él, para ser uno en Él.

Mi oración es que cada párrafo leído-orado sea un encuentro profundo y dulce que experimentes, diciéndole una vez más "Tú eres precioso para mí".

Estamos nuevamente juntos para poder conocer y experimentar el carácter de nuestro Señor. Claramente, las palabras siempre serán escasas; los análisis pobres; y las descripciones de nuestro Amado limitadas.

La vida de Jesús es sin límites. Podemos estudiar Su vida a partir de Sus parábolas, milagros, enseñanzas, etc. Miles y miles de libros se han escrito sobre Él. En mi biblioteca tengo alrededor de unos mil libros específicos sobre la vida de Jesús; los estudiosos han investigado cada palabra del griego, cada manuscrito, cada lugar geográfico por donde caminó, cada montaña, cada río, cada nombre, todo. Miles de autores, sean filósofos, poetas, cantantes, historiadores, etc., investigaron cada aspecto en su mínima expresión, y así se escribieron, tomos y tomos interminables sobre Él.

Él es interminable. Él es inabarcable. Él es ilimitado.

Tenemos libros sobre "Milagros de Jesús", "Jesús y Sus enemigos", "Jesús y Sus viajes" "Jesús y la oración". Tenemos miles de "imágenes de Jesús": el social, el rebelde, el creativo, etc. Miles de imágenes enseñadas en las congregaciones cristianas y en las familias. Los artistas, cuando lo pintan, le agregan algo de su propia cultura; lo ven a Él parecido a sí mismos. El pintor español pinta a Jesús con rasgos españoles; el italiano, también; el americano lo ve americano en Su rostro, en Su manera de hablar, y aun de pensar. El pobre lo ve pobre; el rico lo ve rico; el extrovertido lo ve extrovertido y el introvertido lo ve similar en carácter. El estricto ve "las órdenes de Jesús" y el débil lo ve como "un sufriente". ¡Y ni hablar de los autores de la Edad Media, Edad Moderna, etc.! Allí vemos a un Jesús "a imagen y semejanza" de quien lo describe y de la cultura del momento. Y todas estas imágenes salieron de la misma fuente a la que vamos desde hace veinte siglos para poder extraer información sobre Él: los cuatro Evangelios.

Pero ¿cuál era el objetivo de los evangelistas?

Solo tenemos cuarenta días de Su vida registrados; se pueden leer en un par de horas todas las palabras que tenemos de Él. Del hombre más glorioso, del mismo Dios-Hombre, hay solo unas pocas páginas, trescientas noventa y tres palabras en el griego solamente. Un par de expresiones en arameo: *Talita cumi*, y *Elí, Elí, Lama sabactani*. Tampoco tenemos Sus mensajes completos, tal como Él los compartió, sino apenas algunas expresiones o resúmenes breves de algunos de Sus dichos. En cuanto a los originales que escribieron los evangelistas, tampoco los tenemos: tan solo manuscritos del siglo IV, que son los más antiguos. Los Evangelios no dicen cuál era la estatura de Jesús, ni cómo era Su rostro, el color de Sus ojos, Su aspecto físico, ni cómo trabajó de carpintero.

Por otro lado, en la época de Jesús, había historiadores griegos, judíos; escritores romanos. También los había luego de Su muerte, pero a ninguno le interesó hacer una biografía de Él. No tenemos el tono ni las inflexiones de Su voz, ni los movimientos de Su cuerpo cuando enseñaba con parábolas. ¿Por qué tan poco? Porque el objetivo de ellos no era darnos una biografía de Su vida, ni un tratado de "teología doctrinal de Jesús", ni estudiar la geografía bíblica, ni las costumbres, ni el estilo de Su túnica o de Sus sandalias. Los evangelistas no nos dejaron un "estudio sistemático de Su persona". Su objetivo fue que pudiéramos experimentarlo, dirigirnos a Él, conocer Su carácter, Su vida. Lo que Él es, ese era su objetivo: que podamos verlo a Él, contemplar Su hermosura, la preciosidad de Su personalidad. Y cada vez que lo hacemos, Él crece; Su imagen aumenta delante de nosotros, y Él se vuelve más hermoso. Y esa tarea no terminará nunca, durará por toda la eternidad. Los discípulos dijeron: "Vimos Su gloria", no hay nada más hermoso que esta expresión. Nada ni nadie, ni ninguna frase puede superar "Vimos Su gloria". ¡Eso es tocar la cima de todo!

Él no es un hombre más, sino "el" hombre, el modelo de cómo vivir la vida divina. Nació en un país, en medio de una religión y rodeado de una cultura; pero no pertenece a ningún país, a ninguna religión y no posee una cultura determinada. Fue completo; nadie le agregó nada, ni nadie le pudo sacar nada de lo que es eternamente. Él mismo se la impuso la restricción de gloria que tenía para poder ser revestido de humanidad y morir por nosotros.

SU PERSONA RESUELVE TODO

El mundo está caído; la gente falla; las mentiras están a la orden del día; los objetos no satisfacen... Todos estos problemas no se resuelven hasta que tocamos su persona. Cuando lo vemos y lo experimentamos, todo lo anterior queda resuelto para siempre. Su vida es ahora la nuestra, pues lo vivimos a Él. Cuando Cristo quiere hacer algo en el medioambiente, en una familia, en una persona, expresa su carácter a través de nosotros. Cuando Jesús preguntó qué decía la gente de Él, le contestaron que unos pensaban que era Jeremías; otros, Elías; otros, el Bautista.

¡Todos personajes célebres, pero ya fallecidos, del pueblo de Israel! Nadie lo pudo comparar con hombre alguno que estuviese vivo.

A medida que lo conocemos, Su persona deja de ser "un conjunto de teorías", un puñado de enseñanzas o varios versículos que recitamos de memoria. Al verlo y experimentarlo, la derrota se va, asimismo el aburrimiento, el vacío; todo desaparece. La luz hermosa de Su carácter brilla ahora en nosotros. Solamente mirarlo alcanza para que Él nos atraiga hacia Sí. Todos comenzamos sin mirarlo a Él, hasta que nuestros ojos se abren y, desde ese momento, Su hermosura brilla como la luz del sol. Quienes dejaron de mirarlo, perdieron la luz; la oscuridad otra vez volvió a sus vidas. Todo se trata de mirarlo a Él. Nada más. Los apóstoles murieron por Él, excepto Judas que murió sin Él. Maravilloso fue el impacto en ellos de mirarlo cara a cara, de experimentarlo de manera PERSONAL; y nosotros, hoy, haremos lo mismo.

Alguien puede ser considerado grande por ser músico, poeta, pintor; porque descubrió algo, por su trabajo, por ser solidario, por un libro, por fundar una institución, pero Jesús no. Jesús no fue un gran hombre. Él es la grandeza. Él no vestía los ropajes de este mundo: no es grande porque ayudó a alguien, no es grande porque descubrió un medicamento, no es grande por Sus hazañas o por...

¡NO!

Él es hermoso.

Él es incomparable. Él es único.

Él es maravilloso.

Y Él mismo es el regalo. Él se dio a Sí mismo. Ya no buscamos cosas, bendiciones, facetas, respuestas, milagros; nada de eso. Solo lo buscamos a Él, lo amamos a Él y lo vivimos a Él.

Nadie puede agregarle nada; nadie le puede quitar nada. Él es todo; fuera de Él no hay nada.

Debemos desterrar la idea de que hay "dos Cristos": uno el de los milagros y maravillas, que expresa Su divinidad, el Cristo sobrenatural, y otro Cristo que es bueno, amoroso, compasivo, que expresa Su humanidad. ¡NO! ¡Él es uno!

En Cristo podemos ver el poder desplegado para sanar enfermos, calmar tormentas, echar demonios; el mismo poder que bendijo a los niños, que comía con los discípulos. Tanto Sus obras de poder como Sus obras "normales" eran producidas por Él mismo, por la misma persona.

Cada vez que leamos u oremos Sus "aspectos", recordemos que no son características aisladas o "regalos", sino que se trata de Él: Él es paciencia, Él es asombroso, Él es...

Él no es un ideal a alcanzar o un modelo a imitar, sino nuestra vida. He aquí, en este texto, algunos trazos, solo un bosquejo de Él, escritos con debilidad y limitación, porque no hay papel que alcance, ni palabras dichas a lo largo de los siglos que puedan encerrar Su grandeza. ¡Él es incomparable! Por eso, cuando leas y ores este texto, recuerda tocarlo a Él, experimentarlo a Él, estar en intimidad con Él. Entonces, lo que leas se te revelará por el Espíritu Santo.

¿Le adoramos ahora por Su grandeza? Digámosle ahora lo que sale de nuestro corazón...

ES PARECIDO A NOSOTROS, PERO TOTALMENTE DISTINTO

El error al ver la vida bendita de nuestro Señor es analizar Su carácter como meras cualidades humanas "mejoradas"; es decir, Jesús fue empático, comunicativo, amable, firme, por lo que nos imaginamos que Su personalidad es como la humana, pero mejorada. Por ejemplo, si decimos que Jesús es gozo, imaginamos Su alegría como nuestra alegría, pero en una mayor expresión. Sin embargo, este es un gran error. Por cierto, Él tenía estos rasgos de carácter, pero de manera gloriosa, perfecta, y esto escapa a todo lo que conocemos.

Para decirlo de otro modo, nuestra empatía, humildad y alegría están caídas, marcadas por el pecado; son una sombra de lo que en Él es perfecto.

Al comenzar a ver Su bendita persona, haremos un cuadro comparativo entre cada rasgo desde lo humano, y lo diferenciaremos de lo que Él es, porque es Él quien se expresará.

Él no vino a darnos "un poco de alegría", "algo de humildad", sino que vino a expresarse en gloria a través de nuestra vida.

Debemos tener en claro los aspectos específicos de Su divina persona, de Su personalidad; no una idea abstracta de Él, sino rasgos concretos que Dios quiere que toquemos. Esos aspectos son palabras de vida. Cuando tocamos el misterio de Él, también estamos tocando aspectos concretos de su vida. Vemos en Él, como persona histórica, ciertos rasgos que vamos a experimentar. Los discípulos dijeron: "Lo tocamos, lo vimos, lo oímos, comimos con Él".

Para poder experimentar Su persona en nuestro vivir, toda nuestra vida debe ir hacia Él. Entonces, de acuerdo con el profeta Ezequiel, podemos agrupar ciertos aspectos específicos de Él en cuatro grandes expresiones de Cristo: Cristo-león, Cristo-buey, Cristo-humano y Cristo-águila, enfatizando, nuevamente, que se trata de una sola persona: Él. En este trabajo, iremos avanzando paso a paso, rasgo a rasgo, para luego subirnos a la cima de la montaña y ver el cuadro completo.

Podemos incursionar en la vida de Jesús como una mera recopilación de datos, es decir, saber sobre Él. Eso no trae nada de Su vida a nuestra vida. O podemos verlo a Él y adorarlo por quién es. Este es el nivel de la contemplación de Su hermosura, ser uno con Él y ahora ver Su vida como lo que Él hizo. Por ejemplo, podemos leer la historia de Jesús con la samaritana, observar que le dio agua, la refrescó, la bendijo, e identificarnos con ella. Pero podemos ir aún más profundo y ver cómo actuó, qué hizo, y que ese aspecto de Él se exprese ahora a través de nosotros. De esto se trata el vivir más profundo: de verlo a Él expresarse en nosotros en nuestro diario vivir.

Es importante que al leer las características de la personalidad de Jesús, no tratemos de copiarlas, ni nos esforcemos para que se reproduzcan en nuestra manera de ser. Nuestra única tarea es morir, de este modo Él se expresará de manera espontánea. La persona es el medio de revelación; Su carácter es la manera en la que podemos "entender" un poco la hermosura del Señor. Cristo mismo es la carta a leer.

Dejemos aquí la introducción, mi amigo, y vayamos juntos a contemplar la preciosidad y el carácter glorioso y demoledor de Jesús. Sumerjámonos, naveguemos por el interior del corazón del Maestro y permitamos que cada párrafo que leamos sea en oración-adoración. Lee despacio, disfruta de Él, permite que el Espíritu Santo te detenga y te lleve a la adoración cuando así lo desee.

"Señor, aquí estamos. Toma nuestra mano y llévanos a ti. ¡Aumenta en nosotros, bendito Jesús! Amén".

1

UN HOMBRE NORMAL Y TAMBIÉN PRECIOSO

"Para vosotros, pues, los que creéis, él es precioso".
—1 Pedro 2:7

Cuando lo vemos a Él como era, lo vemos como es ahora. Si miramos Su vida como una "biografía" o como "historia", hemos perdido la eternidad. Él fue, Él es, Él será el mismo, siempre. Él es ahora y aquí. Él es precioso.

Totalmente hombre: Su psicología evolutiva se desarrolló al igual que en todos. Niño, adolescente, adulto. Su estatura, Su edad, Sus juegos, todo era igual; en medio de un grupo de niños, era uno más. Comía, dormía, jugaba, socializaba, se vestía, se cansaba, todo igual; ciento por ciento humano. Todo era "común" a cualquier niño, joven y adulto de hoy. sin embargo, había algo distinto en Él: nunca cometió pecado; no había error en Él; no había equivocación de ningún tipo; no había absolutamente nada de nada de maldad. Nunca dijo una palabra equivocada, ni tuvo que arrepentirse jamás. Esto le otorgaba una hermosura, una belleza perfecta que jamás se había visto. Esa gloria nunca, pero nunca, había sido vista en la tierra por ninguno de los millones que la pisaron. Él sigue siendo hoy perfectamente hermoso; todo Él brilla en su perfección.

Externamente, era un hombre "común", como todos; pero portaba la gloria eterna oculta detrás del velo de carne. Su gloria y esplendor se dejan ver cuando el corazón se humilla ante Él. Se oculta al corazón orgulloso, pero brilla delante del arrodillado. Perfecto en su hablar, en su actuar. Cada paso que dio fue lleno de vida, fue exacto.

Toda su gloria estaba escondida; nadie podría soportar Su luz expresada en su totalidad. Solo gustaban de beber un poco de Él aquellos que con humildad le pedían: "Te quiero conocer".

Míralo ahora a los ojos... Observa Su hermosura, ¿no es todo hermoso? ¿No es digno de adoración ahora? Él brilla. Mira ahora a tu alrededor, mira adentro... Permite que Su gloria se vea ahora, cántale... Sí.

¿Se puede ser ciego a la preciosidad de Él? Sí. El velo que no deja ver es el orgullo, solo eso. Ser humilde es haberse quitado el velo de la soberbia; allí, entonces, delante de nuestros ojos, brilla Su hermosura; allí vemos que es oro puro; allí vemos que todo Él es encantador, valioso, sin defecto, perfecto. Y cuando decimos que Él es precioso, estamos diciendo que no hay otro como Él. Es más precioso que el oro y la plata, pero también más que todos los hombres. Si miramos la belleza de un paisaje, de una mamá cuidando a su hijo, de una melodía armoniosa, todo eso es una copia muy bella; pero cuanto más lo es conocer al original, ¡a Él! Él es más precioso cuantitativamente que todas las cosas, y cualitativamente mejor que todas las experiencias.

¿SE PUEDE SER CIEGO A LA PRECIOSIDAD DE ÉL?

Ahora entiendo por qué lo anhelo, por qué sufro cuando no lo veo, cuando dejo de estar en su Cuerpo congregado, cuando no lo experimento; siento todo el mundo caer. Es que gusté de Él y ahora mi alma solo anhela volver a experimentarlo. Quiero verlo, pero verlo fijamente para poder contemplarlo. No más mirarlo "rápidamente", o "así nomás", sino detenerme con todo mi ser en Él. Porque ahora puedo decir que es valioso para mí, lo más valioso. Un minuto con Él parece mil años de gozo; y un minuto sin Él parece años de pérdida de tiempo.

"Él es del todo encantador" (Cantares 5:16).

2

ÚNICO Y PERFECTO

"Y todos se asombraron, de tal manera que discutían entre sí, diciendo: ¿Qué es esto?".
—Marcos 1:27

Parecido a todos, pero único en Su ser y vida, único en Su hablar, único en Sus acciones poderosas, único en Sus conversaciones, único en Sus enseñanzas, único en sus sufrimientos y gloria. Muchos de quienes caminaron con Él respiraron su perfume de incienso que nunca se apagó, y aún hoy sigue llenando los ambientes de cada vida. No importa cuántos años vivamos; no importa cuántos siglos pasen; no importa cuánto lo veamos, solo conocemos una pequeñísima parte de su inmensidad.

Algunos que lo vieron "estaban asombrados". De Sus tres años de ministerio, solo tenemos registrados menos de cuarenta días en los evangelios. Como una enorme montaña lo podemos admirar "desde lejos" cayendo de rodillas, y también podemos subirnos a Su "cima" y experimentar su inmensidad cantando de gozo por su poder.

Nunca perdió su aplomo, aun en las peores horas del maltrato brutal de los soldados, en los juicios injustos que sufrió de manos de Pilatos y Herodes. Su firmeza nunca fue bruta. Su delicadeza nunca fue débil. Cuando lo vemos intimidado, azotado, burlado, cuando lo vemos aplaudido, seguido, exaltado, ni una sola vez pierde su aplomo. Todo Él fue, es y será perfecto; ¡tal es nuestro Amado aún hoy y por siempre!

Nunca buscó "caerle bien" a los demás ni "agradar" a los que lo seguían; es que Él no se esforzó porque todo lo que salía de Él nacía de la intimidad con su Padre, nacía de ser Uno en amor con el mismo Señor de todo.

Respira... todavía sigue siendo el perfume derramado en nuestros corazones.

3

EXTRAÑAMENTE HERMOSO

"Tal es mi amado, tal es mi amigo".
—Cantares 5:16

Cada palabra, cada acción, eran "extrañas", parecidas a todas las de los otros hombres, pero distintas. Cada aspecto de Su personalidad guardaba un equilibrio perfecto, lo cual lo hacía bello de manera única. Sabía cuándo hablar, cuándo callar, cuándo acercarse, cuándo alejarse, cuándo enseñar, cuándo sanar, cuándo pedir, cuándo dar... Toda su vida estaba en armonía celestial. Además de su perfecta humanidad, la gracia, la santidad y la intimidad con su padre lo hicieron "extrañamente hermoso" entre los hijos de los hombres. Aún hoy sigue siendo totalmente encantador.

Tomaba distancia de los orgullosos, pero se acercaba a los humildes. Hablaba en parábolas para los de mente cerrada, pero de modo sencillo para los que amaban oírlo. Fue como un extraño para los religiosos, pero íntimo para quienes lo buscaban. Quienes lo conocemos solo podemos repetir —como otros dijeron—: "Este es mi Amado, este es mi Amigo"... ¿Se lo decimos ahora?

No buscó el honor de los hombres. Honró al Padre que lo había enviado, y no a Sí mismo. Aquel que era "en forma de Dios", y "no estimó ser igual a Dios como cosa a que aferrarse", nos hace decir en voz alta por la eternidad: "¡Eres extrañamente hermoso, un misterio de amor!".

El apóstol Pedro dice que Sus promesas son preciosas y Su sangre es preciosa. David, que Sus pensamientos son preciosos. La Amada de Cantares nos dice que todo Él es precioso.

"¡ERES EXTRAÑAMENTE HERMOSO, UN MISTERIO DE AMOR!".

4

SUS DEMORAS PERFECTAS A HORARIO

"Jesús le dijo: ¿No te he dicho que si crees, verás la gloria de Dios?".
—Juan 11:40

En el barco "dormía" mientras la tormenta amenazaba con quebrar la embarcación. Estaba demorado para llegar a la casa de Jairo para sanar a la niña. Estaba llegando "tarde" para un acto de sanidad. Y cuando su amigo Lázaro enfermó, tardó cuatro días en llegar, y fue directamente a resucitarlo de la tumba.

En Su primera demora, llevó paz y calma a la tormenta. La demora en la casa de Jairo llevó resurrección y vida a la niña muerta de doce años. ¡Y qué diremos de la tumba de Lázaro, sino que trae resurrección a toda la familia! No solo a Lázaro, sino a sus hermanas: ellas también "resucitaron" al ver a su hermano nuevamente cara a cara. De eso se trató la cena familiar que luego tuvieron todos con el Maestro.

La tormenta, la enfermedad, la muerte... nada puede vencerlo. Los mismos obstáculos siguen siendo vencidos cada día por Él, aún hoy. El reloj celestial todavía funciona a la perfección. Él llega justo en el *kairós* eterno. ¿No lo comprobamos cuando miramos hacia atrás en nuestra vida? Cuando pensábamos que el *cronos* había fallado, Él llegó en el "momento justo", y sigue siendo así aún hoy.

EL RELOJ CELESTIAL TODAVÍA FUNCIONA A LA PERFECCIÓN. ÉL LLEGA JUSTO EN EL *KAIRÓS* ETERNO.

¡Sus demoras siempre son perfectas!

¿Lo adoramos?

5

PERFECTO TODO LO QUE HIZO, Y LO QUE NO HIZO

"... levantando los ojos al cielo, los bendijo, y los partió, y dio a sus discípulos para que los pusiesen delante de la gente".
—Lucas 9:16

Tomaron a Jesús, lo ataron y se lo llevaron. Legiones de ángeles que cantaron en la eternidad pasada, que adoraron en Su nacimiento, vieron a su Creador eterno siendo maltratado y humillado en esa cruz.

¡Quien habita en luz inaccesible estaba ahora en lo más bajo, aun de sus propias criaturas! ¿Qué amor es este? ¡Siendo humillado hasta lo sumo y crucificado para muerte!

¡Qué espectáculo digno de contemplar el cielo! ¡Qué visión extraña y horrible!

Basta solo una señal para quemar la misma tierra, para matar a filo de espada a todos los humanos; sin embargo, como Cordero, fue llevado al matadero por amor hacia ti y hacia mí. Y ese amor nunca menguó; es perfecto y eterno. Él era el Lugar Santo viviente que poseía los tres elementos del Lugar Santo en el Tabernáculo. Solo que ahora Él mismo era la "Luz del candelero" que alumbraba a todos los que venían; era la Luz eterna que no se podía apagar, que daba claridad y calor a todos: a enfermos, a pobres, a heridos. Aún hoy esa luz sigue brillando por la eternidad. Él era la "Mesa del pan" que satisfacía el hambre de todos los que, vacíos de comida eterna, lo oían. Al leproso lo sanó instantáneamente. A los de la multitud hambrienta de días los hizo recostar para darles el pan milagroso multiplicado. Y Él era la "Mesa de perfume" que todavía se respira. ¡Aleluya!

6

JESÚS SIN HOGAR, PERO HUÉSPED

"... date prisa, desciende, porque hoy es necesario que pose yo en tu casa".

—Lucas 19:5

Él iba a las casas, y en cada una dejaba de su hermosura.

En la casa de Leví participó de un banquete con los publicanos y con los pecadores, pues disfrutaba de estar con los que nadie quería para darles de Su gracia.

En la casa de Zaqueo, llevó de Su paz.

En la casa del fariseo, una mujer ungió sus pies y fue hecho un mensaje eterno. Jesús dijo: "Se hablará de lo que ella hizo".

Ahora la que ungió al Señor entra en cada casa donde se oye Su relato eterno.

En la casa de Lázaro, junto a sus hermanas María y Marta, comió con ellos, y ellos comieron de Él. Es que Él es Pan para todos. La mesa familiar recibió la luz, todos juntos.

Él sigue visitando las casas y llevando su salvación a los rechazados, su paz a los perdidos y su pan a los amigos.

Sir James Jeans comienza uno de sus libros con un párrafo asombroso, donde dice: "Se conocen algunas estrellas, que apenas son más grandes que la tierra, pero la mayoría son tan grandes, que cientos de miles de tierras podrían empacarse dentro de cada una y dejar espacio de sobra; aquí y allá nos encuentra una estrella gigante, lo suficientemente grande como para contener millones y millones de tierras. Y el número total de estrellas en el universo es probablemente algo así como el número total de granos de arena en todas las orillas del mar del mundo. Tal es lo pequeño de nuestro hogar en el espacio cuando se mide con la sustancia total del universo".

Y el que creó todo eso vive dentro de nosotros...

ÉL SIGUE VISITANDO LAS CASAS Y LLEVANDO SU SALVACIÓN A LOS RECHAZADOS, SU PAZ A LOS PERDIDOS Y SU PAN A LOS AMIGOS.

7

MORÍA CADA DÍA, Y VIVÍA CON VIDA

"...no se haga mi voluntad, sino la tuya".
—Lucas 22:42

Jesús fue perfectamente humano, y a pesar de eso le daba muerte a su vivir humano para depender totalmente de su Padre: la vida divina. Él no cargó la cruz solo al morir, sino que lo hizo cada día de Su vida.

Él le decía "no" a "sus deseos"; aun siendo perfecto, les decía "no" a Sus pensamientos para hacer absolutamente en todo la voluntad del Padre. Así cargó la cruz, y a medida que moría la vida divina era expresada. Esos atributos divinos eran manifestados en las virtudes humanas: bondad, amor, paz, etc., que se aprecian como "normales"; sin embargo, Él era la vida divina expresada en las conductas humanas. Sí, Él moría cada día, y vivía cada día la vida divina. Y lo hizo para enseñarnos cómo sería nuestra vida.

En la eternidad, Él fue divino y se vistió de lo humano para darle fin a esa humanidad en la cruz y expresar así lo divino. Así también nosotros somos primeramente humanos, pero cuando lo recibimos como nuestro Señor, recibimos la vida divina para que —al igual que Él— muramos a lo nuestro, de modo que Él se exprese. Nosotros también decimos cada día: "Señor, hágase Tu voluntad en mi vida, no la mía". Toda Su alegría era hacer la voluntad de Dios y ocuparse de los asuntos de Su Padre.

Todo el crecimiento de Jesús fue "espontáneo", es decir, sin "esfuerzo humano": Él moría, y la vida del Padre era expresada en Él. Todo lo que salía de Él era totalmente divino y era expresado totalmente por lo humano. Él fue el modelo de vida que nosotros tendríamos; es, fue y será el "Primero", el "Capitán de nuestra salvación", como dice el libro de Hebreos. Por eso dijo: "No hago nada que no veo hacer a mi Padre; no digo nada que mi Padre no me diga"; y era entonces cuando, sin "esfuerzo humano", la vida de gloria salía.

Él "crecía en sabiduría y en gracia ante Dios y ante los hombres". No hubo un minuto en Sus treinta y tres años y medio que no haya dependido del Padre. Toda Su vida, Su andar, Su hablar, Sus pensamientos estaban llenos de vida; todos ellos fueron gobernados por Su Padre. La única tarea de Jesús era "morir" cada día a lo suyo.

De esta manera, Él puede dormir como hombre en el barco, y calmar la tempestad como Dios; ambos en perfecta armonía.

Así los discípulos podían decir lo que todos decimos aún hoy: "¡¿Qué clase de hombre es este?!".

8

PODEROSO Y HUMILDE

"Él les dijo: ¿Por qué teméis, hombres de poca fe? Entonces, levantándose, reprendió a los vientos y al mar; y se hizo grande bonanza".
—Mateo 8:26

Él bajó a lo más bajo de lo que se puede descender; "se humilló hasta lo sumo", llegando a la cruz, y luego descendió aún más. También subió más alto de lo que nadie subió, ni subirá jamás. Está exaltado por toda la eternidad. Descendió y subió. Lo mismo hace con nosotros: nos toma de lo más bajo para subirnos con Él.

Transformó el agua en cientos de litros de vino; pero también le pidió un vaso con agua a la samaritana. Es dueño de todas las cosas; pero pidió un bote prestado para poder predicar. Su grandeza no la pueden contener los cielos de los cielos; pero se sintió apretujado por una multitud que lo seguía. Es Señor de toda la tierra; pero también pidió prestado un lugar donde tener la última cena. Está sentado en lugares Celestiales; pero también se sentó junto a una sencilla familia de tres hermanos, y comió con ellos durante una tarde.

Algunos lo vieron calmar la tormenta; otros sanar; otros lo escucharon; otros lo siguieron; otros cayeron rendidos ante Él. Todos pudieron acceder a Su hermosura. Aún hoy quien se rinde ante Él lo puede experimentar.

A unos los tocó; a otros les dijo una palabra; a otros les enseñó; a otros los desafió; y a lo largo de su caminar, Él fue una medicina, un fuego, un martillo, una semilla, agua fresca; fue tanto que no alcanzan todos los libros del mundo para poder narrar todo lo que Él es.

9

POBRE Y RICO

"Por amor a vosotros se hizo pobre, siendo rico,
para que vosotros con su pobreza fueseis enriquecidos".
—2 Corintios 8:9

Vivió pidiendo prestado, vivió como "pobre". Pidió un sitio para nacer, una casa donde vivir, una barca para predicar, un animal en el cual montar, un aposento donde tener la cena y una tumba donde ser enterrado. Ahora su corazón es nuestro lugar en el que podemos nacer.

Él es la casa donde crecer.

Él es el barco donde navegar.

Él es el león donde cabalgar.

Él es nuestra comida y bebida, y nuestra resurrección.

Cargó sobre Sí una deuda muy pesada: la nuestra. Ahora nosotros cargamos Sus riquezas. Ahora podemos decir que estamos enriquecidos en todo. Podemos decir en eco las palabras del apóstol Pablo: *"Por amor a vosotros se hizo pobre, siendo rico..."*.

No lo elegimos; Él nos eligió a nosotros. No lo amamos; Él nos amó primero.

No lo compramos; Él nos compró con Su sangre. No nos entregamos; Él se entregó por nosotros. Y ahora le pertenecemos; somos suyos por amor.

Dice una conocida anécdota que la poetisa Fanny Crosby (quien escribió más de ocho mil himnos en su vida), aunque era ciega, producía tres nuevos himnos cada semana. Ella formulaba una canción entera en su mente y luego se la dictaba a un amigo.

Un día fue visitada por Febe Knapp, una devota cristiana.

Esta le dijo a Fanny: "He compuesto una melodía. ¿Puedes escribirle las palabras?".

Fanny le pidió: "Tócala para mí en el órgano". Así lo hizo Febe. Cuando terminó de tocar, se volvió para preguntarle a Fanny: "¿Qué te dice la melodía?". Febe vio a Fanny arrodillada en oración.

Febe tocó por segunda vez la melodía, y luego por tercera vez.

Entonces, la mujer ciega respondió: "La melodía dice: '¡Bendita seguridad, Jesús es mío! ¡Oh, qué anticipo de gloria divina!'". Y así nació otro himno para la gloria de Dios en el sacrificio del Salvador.

La intimidad con Él siempre une la melodía con sus palabras.

¿Escuchas la melodía Celestial sonar? ¡Ponle palabras ahora!

10

GLORIA ESCONDIDA Y GLORIA VISTA

"...una nube de luz los cubrió; y he aquí una voz desde la nube,
que decía: Este es mi Hijo amado,
en quien tengo complacencia; a él oíd".
—Mateo 17:5

Él tenía una gloria "escondida". Nadie puede mirarlo a los ojos en Su gloria divina, porque Él habita en la luz inaccesible. Y es que los cielos de los cielos no lo pueden contener. Él creó todas las cosas, y su poder y su sabiduría no tienen límites. Nadie puede verlo y seguir viviendo.

Un día, la Palabra creó todo.

Un día, quienes lo tocaban en el arca morían. Un día, Él habló, y el monte tembló.

Un día, Él dio la orden, y un pez tragó a Jonás. Todo eso fue velado, escondido. Como si el corredor más veloz del mundo solo decidiera caminar. Como si el pintor más grande de todos los tiempos se restringiese solo para poder pintar unos simples garabatos. Esta gloria fue cubierta por el velo de la humanidad. Pero había otra gloria, la de la naturaleza humana esencial, personal. Era el brillo de ser cien por ciento Hombre Perfecto, sin pecado, sin maldad, sin naturaleza caída.

Al mirarlo a Él, vemos emociones, ideas, actitudes y actos perfectos, llenos de amor, como nunca nadie tuvo.

Así tenemos "la forma de Dios" escondida, oculta a los ojos humanos. La gloria divina en Su vida tenía por afuera "la forma de siervo", la cual era mostrada, evidente para todos. Él escondió su gloria, "la forma de Dios", bajo esta "forma de siervo". A quienes lo amaban, la gloria de Dios les era manifestada. Dosis mínimas bastaban para que dijeran: "¡Señor mío y Dios mío!", para mostrar Su luz en el monte de la Transfiguración como el Rey de Gloria y luego bajar de allí solo con la gloria humana.

SOLO SE TRATA DE RENDIRSE, DE MORIR. ESA ES LA ACTITUD QUE NOS PERMITE ENTRAR EN SU GLORIA.

Cada acto que Él hacía, por mínimo y "normal" que fuese, estaba cargado de gloria humana perfecta. Pero un día ese velo que lo ocultaba fue roto por completo. Hoy podemos ver y disfrutar esa gloria celestial.

Hoy podemos oír la voz como estruendo de muchas aguas de aquel que recogió el viento en sus puños, aquel que puso las aguas en su mano, el Único que tiene inmortalidad, el que estableció todos los confines de la tierra. También podemos ver Su gloria moral, humana, perfecta y podemos vivir su vivir. Solo se trata de rendirse, de morir. Esa es la actitud que nos permite entrar en Su gloria. Rendirse es la manera de abrir la puerta y dejar que Él cene con nosotros en una fiesta de amor sin límites. Y ver su gloria no se trata de "saber", sino de experimentarlo de manera personal.

11

IGUAL, PERO DISTINTO

"...no estimó el ser igual a Dios como cosa a que aferrarse, sino que se despojó a sí mismo, tomando forma de siervo".
—Filipenses 2:6-7

No le veo diferencia con ningún hombre. Camina, come y habla como todos nosotros. No le veo ninguna diferencia. Sí, es totalmente igual a nosotros y, a la vez, totalmente distinto. Ambas cosas. Lo miro y lo veo igual; pero al estar con Él, hay algo inexplicable: vida divina fluye de Él.

Es perfectamente hermoso.

Cada palabra.

Cada acción.

Cada mirada, todo es de un hombre perfecto.

Veo que no tiene pecado, nada, nunca lo tuvo. Veo la hermosura de su perfecta humanidad. Esto llamaba la atención de muchos que, sorprendidos, comentaban: "¿No es el hijo del carpintero? ¿De dónde sabe estas cosas? ¿Cómo habla con tanta autoridad?". Le veían algo distinto: la gloria de su perfecta humanidad, mientras que otros veían la realidad. En verdad, vieron la gloria divina expresada en su humanidad.

Descubrieron que Jesús "no vivía por sí mismo", sino que su humanidad perfecta era llevada a la cruz y Él dependía totalmente de su Padre. La vida divina era expresada en gloria en su humanidad. Si este "modelo" era lo que Él nos venía a transmitir y hoy nosotros vivimos así, ¡morimos a lo nuestro para que Él se exprese en nuestro vivir! ¡Qué privilegio ser uno con Él!

La "forma de siervo" que todos veían expresada, en realidad, era la "forma de Dios". En Su caminar se vio con personas que lo escucharon atentamente, pero otros fueron indiferentes; otros lo atacaron; otros lo cuestionaron; otros no entendieron ni sus palabras ni su accionar; otros hicieron preguntas profundas; y otros hicieron cuestionamientos tontos. Si pasó por todo y por todos, ¡Él sabe caminar entre nosotros! Si brilló con luz divina, aún hoy lo sigue haciendo.

¡MORIMOS A LO NUESTRO PARA QUE ÉL SE EXPRESE EN NUESTRO VIVIR! ¡QUÉ PRIVILEGIO SER UNO CON ÉL!

En Su caminar, buscó darse, entregarse, presentarnos el amor del Padre, y al igual que hoy, en quienes nos humillamos ante Él, la luz vuelve a alumbrar, y la vida vuelve a fluir en amor por cada lugar de nuestro ser.

Nunca comprenderemos que Él se "despojó" de su gloria tomando "forma de siervo" y no se aferró a "la forma de Dios". Y aunque fue 100 % hombre, nunca dejó de ser 100 % Dios. Él "restringió" Su gloria para tomar forma humana sin dejar de ser Dios, para enseñarnos cómo viviríamos nosotros un día en dependencia del Padre. Mira, por ejemplo, cuando poseía su gloria en Él:

- Aquel que dijo "una palabra" ¡y creó el mundo!, ahora se despojó de eso y puede decirle a una mujer samaritana: "Dame agua".
- Aquel que es dueño de todo lo creado, cuya tierra tiembla ante Él, ahora pide prestado un lugar donde nacer, donde tener la última cena y donde morir.
- Aquel cuyos ángeles no lo pueden mirar a los ojos sin ser consumidos, quien tronaba en los mares y montes, ahora es ignorado y detestado por la gente.
- Aquel que nunca se duerme ni se cansa, ahora camina cansado, sediento, hambriento, como uno más entre nosotros.
- Aquel cuyo Nombre es sublime, el innombrable, el gran Yo Soy, ahora es despojado de Su Nombre para tener un nombre más como el nuestro, sin su reputación de gloria para pasar inadvertido y ser solo un nombre común llamado "Jesús".

- Aquel con poder sin límites y sabiduría eterna, ahora se deja arrestar, golpear y crucificar para morir por nosotros.
- A aquel cuyos cielo, tierra y ángeles hacen silencio reverente, ahora le gritan: "Bájate de la cruz, muéstranos tus milagros". Le demandan como si fuese nadie comiendo entre nosotros.
- El Eterno Viviente, sin principio ni fin, ahora permite que la muerte lo toque.

Así podríamos seguir por la eternidad. Se "despojó" y se vistió como uno de nosotros, para que ahora nosotros nos despojemos de nosotros y seamos vestidos de Él. Caminó con un "velo" entre nosotros, para que, al rendirnos a Él, veamos ese velo quitado y Su hermosura brillar sobre nosotros por la eternidad.

¿No es Él precioso?

12

NUNCA SE RINDIÓ

"Y Jesús decía: Padre, perdónalos, porque no saben lo que hacen".
—Lucas 23:34

Cuando fue malinterpretado, no abandonó su llamado; cuando fue dejado por las multitudes, no se deprimió; cuando recibió mal por bien, no se desanimó; cuando fue lastimado, no buscó la lástima; cuando fue hecho prisionero, no le suplicó a ningún hombre.

Cuando lo condenaron, no lloró.

Cuando fue juzgado, no perdió el control.

Cuando fue crucificado, no se rindió.

Cuando fue enterrado, no se quedó allí. Nunca.

Hoy tampoco. Él que nunca se rindió y triunfó sobre todo y sobre todos es ahora mi vida, ¡es ahora mi vivir! ¡Soy uno con Él!

Mantuvo siempre su semblante tranquilo y sereno, y enseñó con una autoridad tal que los asombraba, y aún hoy mantiene el mismo rostro sobre mí y sobre ti. Inscritas en la cruz, en hebreo, griego y latín, las palabras "Rey de los judíos" eran leídas por quienes la miraban. Pero cuando el Salvador se nos revela, solo leemos en letras brillantes: "Te amo".

Deja que ahora esa vida te llene. ¡Disfrútala!

13

ÉL ES MEJOR

"¡Oh, si él me besara con besos de su boca!".
—Cantares 1:2

Cuando Pablo vio su vida en peligro, fue bajado en una cesta para escapar; se defendió delante del sumo sacerdote al ser juzgado. Recibió una ofrenda cuando no tenía para comer. Amamos a Pablo; dio su vida por Él, pero ¡Él es mejor! Nunca huyó, nunca temió, nunca perdió el control, nunca se rindió. Aún hoy es así, y lo será para siempre.

Su hablar fue perfecto.

Su silencio fue perfecto.

Sus respuestas fueron perfectas.

Sus silencios fueron gloriosos. Siempre.

Y lo eran para los enfermos, los sanos, los niños, los ancianos, los religiosos, los pecadores despreciados socialmente, los judíos o los extranjeros. Él es mejor.

Nunca pidió nada a cambio de lo que hizo. Caminó en medio de la pobreza sin nunca perder su riqueza. Fue probado constantemente por sus enemigos, quienes lograban probar con eso que Él es el mejor. No cambió en ninguna circunstancia, no cambió al pasar el tiempo, no tenía sombra de variación. Ya sea en público o en privado, siempre fue Él mismo. El transcurso del tiempo tampoco lo cambió; frente a sus seguidores fieles o a sus seguidores infieles, no cambió. Con una sola palabra: "Sígueme", cambiaba las vidas.

Cuando lo vemos, siempre es el mismo; pero siempre es mejor. Siempre es Eterno y siempre es fresco; siempre es un nuevo descubrir. Es por eso que los ángeles dicen: "Santo, Santo, Santo" y, cada vez que lo ven, descubren algo nuevo, para entonces volver a repetir: "¡Santo, Santo, Santo!", y así por toda la eternidad.

No hay nadie semejante a Él, ni en lo creado ni en lo no creado. No lo hubo ni lo habrá. Él es único y es todo nuestro.

CUANDO LO VEMOS, SIEMPRE ES EL MISMO; PERO SIEMPRE ES MEJOR.

Hubo un momento en que gritó, y la tormenta se calló. En otra circunstancia habló, y la mujer pecadora fue libre. En otro momento hizo silencio, y Pilato se desorientó... En un camino largo, no abrió su boca y, como cordero, fue a la cruz. En otro camino habló, y soltó perdón desde la cruz; y en otro, le habló a su Padre y nos lo presentó.

Hasta en la cruz se cargó una vida para llevarla al cielo, como un premio, una corona más, que tomó sin perder ni un momento, a pesar de su dolor.

Solo podemos decir, como lo hizo la Amada: "Si Él me besara con los besos de su boca...". Es que Su hablar aún nos envuelve con el beso de Su amor.

14

SUFRIMIENTO MÁS GLORIA

"Él entonces dijo: Te ruego que me muestres tu gloria".
—Éxodo 33:18

El sufrió mucho, muchas veces, como nosotros. Fue profetizado que sería herido "en el calcañar", pero que Él le daría muerte en la cabeza al mismo enemigo.

¡Aleluya!

Aquí observamos dos golpes. Uno en nuestro caminar sobre esta tierra, donde somos heridos, lastimados. Todos sabemos eso por experiencia; nadie nos lo debe recordar. Pero también somos heridores del enemigo en la cabeza, somos vencedores.

¡Esa es la gloria! Dolor más gloria. Lo vemos en la historia de José, donde el sufrimiento y la gloria están uno al lado del otro. Lo vemos también en la historia de David, Moisés, Abraham... en la tuya y en la mía.

Él podía mostrar Su gloria durante unos pocos minutos, durante horas, ¡incluso durante días enteros! Esa gloria entraba donde había dolor y traía libertad, como ocurrió con el leproso. Su gloria producía asombro. "Nadie nos habló como este hombre", comentaban. Era lo mismo si se trataba de una sola persona, de una familia o de multitudes. Era lo mismo hacerlo en un funeral o en un casamiento, al aire libre o en una casa, o sencillamente en medio de una tormenta. Sus palabras traspasaron la cantidad de sus oyentes. Su gloria era libre y envolvente, porque era Su misma Presencia.

"Señor, muéstranos tu gloria", dijo Moisés un día, y desde entonces sigue retumbando la misma oración en el corazón de cada hijo suyo... y seguirá haciéndolo por la eternidad sin fin. ¿Oyes la voz de tu corazón volver a pedir lo mismo?

Cuando sentimos nuestra debilidad, podemos tocar Su poder.

15

SU RESTRICCIÓN Y SU ATENCIÓN A LOS DEMÁS

"Nuestro amigo Lázaro duerme; mas voy para despertarle".
—Juan 11:11

Cuando Jesús fue a la casa de Simón, le dijo: "No me diste agua para lavarme mis manos y pies". A Pedro le dijo: "¡Apártate de mí, Satanás!". A Tomás le dijo: "Mete tu mano y toca mis heridas, ¡no seas incrédulo!". Él me restringe, Él es mi límite, ¡aleluya!

Sus límites son perfectos, me reencauzan en su vivir cuando me salgo de Él y comienzo a establecer mis propios deseos. Él vivió en un mundo lleno de confusión, pero nunca fue parte de este; su claridad divina supo el "no divino", el límite celestial. ¡Y todavía hoy actúa así! Él tocó y detuvo el féretro, y el joven vino a vida; Él tocó al leproso y este fue sano. ¡Disfruta de su restricción!

Sus ojos todavía están llenos de ternura por la multitud. Podía pensar en el cansancio de sus discípulos y llamarlos aparte para descansar un rato, pensar en las multitudes sin pastor y sentir compasión, en los niños que querían jugar con Él, en la mujer despreciada por la sociedad que era digna de Su amor.

Su perdón en la cruz fue para los soldados, Su silencio frente a los burlones en la cruz, sus palabras para las mujeres afligidas que lo veían llevar la cruz, sus palabras de cuidado para su madre y para Juan en medio de la agonía de la cruz. Y aún hoy, esa misma delicadeza de Su amor sigue en cada uno de nosotros.

Él les anunció: "Nuestro amigo Lázaro duerme; pero voy para despertarlo del sueño". Jesús no dijo "mi amigo", sino "nuestro amigo". Es que los amigos de Cristo son nuestros amigos, y el Gran Amigo siempre nos da su resurrección. Es por eso que, al pasar tiempo con Él, Él es más precioso para nosotros. No tenemos otro tema, solo Él; no es el evangelismo, ni las bendiciones, ni el servicio. Cuando les hablamos a otros, solo anhelamos que lo vean a Él, no a nosotros o a ciertos temas a discutir. Cualquier cosa que hacemos, la hacemos solo para Él, no para otros ni para nuestra propia satisfacción. Es que todo es para Él, por Él y en Él.

16

A TODOS, EN TODO LUGAR

"Y andad en amor, como también Cristo nos amó,
y se entregó a sí mismo por nosotros...".
—Efesios 5:2

Él no fue un asceta, no fue un aislado en una torre de marfil, no vivió escondido de los hombres. Lo vemos en una boda, en una cena con fariseos, en una comida con una gran multitud, caminando en medio de los enfermos, con pobres, con publicanos y pecadores, con ricos, en un hogar hermoso en Betania, en un dulce descanso en la montaña, con el corazón de las madres y de sus hijos, con los pequeños en sus brazos, con una madre llorando la muerte de su hijo, con un padre preocupado por su hijo, frente a un endemoniado poseído por miles de demonios, rodeado de gente malvada que buscaba dónde se podía equivocar, con personas que lo amaban y con otros que malinterpretaban Sus enseñanzas, con los poderosos Pilato y Herodes cara a cara, con María a Sus pies ungiéndolo, hablando con uno o con miles, de día y de noche, con gente que lo amaba, e incluso con los que lo odiaban.

Él era la Luz. Y hoy sigue haciendo lo mismo, siempre lo hizo y siempre lo hará. Él vino a todos en todo lugar.

Lo vemos incomprendido por unos y admirado por otros.

Seguido por unos y abandonado por otros.

Extraño para unos e íntimo para otros.

Odiado por unos y amado por otros.

No importa dónde fuera, Él conocía el corazón de todos, al igual que hoy. Él sabía lo que había en un fariseo, un saduceo, un samaritano. Conocía el corazón de los poderosos, como Pilato y como Herodes, lo que había en un padre dolido por ver a su hijo enfermo y en la mujer solitaria que buscaba pecado para satisfacer su vacío interior. A todos, Él se dio. A todos, Él se ofreció. Como hoy lo sigue haciendo. Y aún hoy, para algunos, Él no vale nada; pero para nosotros, ¡Él es nuestra vida!

Él es el Cordero y, cuando lo miro, veo al León. Su amor es tierno, pero Sus brazos tienen todo poder. Es el Cristo Príncipe de paz, pero también hace la guerra contra todos Sus enemigos. Él es Jehová de los Ejércitos.

17

SU DULCE VOZ

"...mas el que bebiere del agua que yo le daré, no tendrá sed jamás; sino que el agua que yo le daré será en él una fuente de agua que salte para vida eterna".

—Juan 4:14

Nunca pronunció una palabra mal hablada, nunca hizo una broma vacía, nunca poseyó, ni por cerca, pecado. "Jamás hombre alguno ha hablado como este hombre", fue el informe de sus adversarios al oírle. No tenían mucho más para decir.

Los niños oían su voz y eran cautivados de tal forma que esa voz salía de ellos en adoración, gritando: "¡Hosanna al Hijo de David!".

La mujer samaritana también oyó Su voz y, al beber de ella, ¡salió una fuente de agua de donde brotaba vida eterna! La mujer samaritana saltaba de tal manera que fue corriendo y le avisó a su pueblo que había palabras para que ellos también bebieran.

El anciano Nicodemo también recibió Su dulce voz y se produjo un nuevo nacimiento en él. Sus palabras lo envolvieron, y ese día, esa noche, nació otra vez para no morir nunca más.

Y aquel viejo amigo, muerto hacía ya cuatro días, también oyó la voz que entró y lo trajo a la vida nuevamente. Su amado Lázaro vio que la muerte era vencida por la Voz de vida.

Algunos ingenuamente trataron de acallar su voz, de silenciarlo, pero nadie lo logró en aquel entonces, y nadie lo ha logrado hasta hoy. Todos fueron, son y serán derrotados, pues nadie puede vencer el estruendo de las muchas aguas. La enfermedad y la muerte pasaron con su palabra, y tampoco pudieron callarlo o resistirse un poco. Los ojos ciegos fueron abiertos, a los cojos los hizo saltar, los leprosos fueron limpiados y aquel viejo endemoniado, con miles en su interior, terminó sentado, vestido, y en Su juicio cabal hablándole de esa Voz a su misma familia.

También los soldados recibieron en esa turba sus palabras: "Yo soy", y en Su sencilla respuesta, ¡la fuerza de Su voz los derribó a todos! La fuerza de su "Yo soy" los humilló, pero a los que lo amamos, su "Yo soy" nos levanta.

TODOS FUERON, SON Y SERÁN DERROTADOS, PUES NADIE PUEDE VENCER EL ESTRUENDO DE LAS MUCHAS AGUAS.

Sí, su "Yo soy la luz del mundo", "Yo soy la puerta", "Yo soy el buen pastor", "Yo soy el camino, la verdad y la vida", "Yo soy la resurrección y la vida", "Yo soy la vid", "Yo soy el Hijo de Dios", "Yo soy...". Y esas palabras aún las oímos cada día con las riquezas de su hermosa persona.

Los ángeles oyeron Su voz ("Padre, hágase tu voluntad, no la mía") y esas simples palabras privaron a las miles de huestes armadas de todo poder, a la tierra de no actuar y de abrirse para tragar a todos aquellos que lo ataron, lo lastimaron y lo crucificaron. Él "sostuvo todo con la palabra de Su poder"; y toda la creación, que con Su voz Él creó, fue obediente a su palabra. Su voz, Su dulce voz.

La muerte oyó Su voz.

Satanás oyó Su voz.

Los demonios oyeron Su voz.

El pecado oyó Su voz.

La vieja naturaleza oyó Su voz: "Está terminado".

Y esas palabras sonaron como una trompeta de victoria; la última nota de triunfo fue oída por los cielos y la tierra, de tal manera fue su voz que aún hoy sigue retumbando en el mundo el grito del Vencedor.

Escuchamos miles de voces. Desde que nacimos y crecimos, miles y miles de voces de todo tipo y persona fueron oídas; algunas nos hicieron llorar, otras nos hicieron reír y otras nos consolaron. Pero un día llegó una voz desconocida, distinta, única, que nos envolvió, nos llamó, nos abrazó, nos dio vida. Y dijimos, como en la antigüedad: "Nunca nadie habló como este hombre".

Y esa voz hermosa nunca más se apagó, nunca más disminuyó, y sigue hablando cada día.

Sí, es "Su dulce voz" que ahora nos guía y nos hace decir a cada uno de nosotros: "Hazme oír tu voz, hermosa es tu voz, te anhelo".

¿Lo adoramos ahora?

18

LIBRE Y DEPENDIENTE

"Bajo la sombra del deseado me senté,
y su fruto fue dulce a mi paladar".
—Cantares 2:3

No hizo nada, ni decidió nada que su Padre no le hubiera dicho. Nunca actuó independientemente. Cada mañana, cada tarde y cada noche solo buscaba ser uno con Él. Cada palabra estaba alineada a su Padre, para así con Su modelo mostrar la vida perfecta. Esta dependencia era interna, pero Su brillo era externo. Por eso, la gente dijo: "Ha hecho todas las cosas bien". Sus enemigos confesaron: "Nunca el hombre habló como este hombre".

Como cuenta una vieja historia: "Un día tormentoso en las profundidades del invierno, un cristiano estaba visitando a un anciano que vivía en la pobreza en una cabaña solitaria. Lo encontró sentado con la Biblia abierta, de rodillas, pero en circunstancias externas de gran incomodidad: la nieve flotaba a través del techo y debajo de la puerta, y apenas había fuego en el hogar.

—¿De qué trata hoy, John? —fue la pregunta al entrar.

—Ah, señor —dijo el santo feliz—, estoy sentado bajo su sombra con gran deleite.

Todos hoy podemos decir por la eternidad: "Me senté bajo su sombra con gran deleite".

Adán quiso ser como Dios para terminar siendo nada. Jesús fue Dios, pero se vació a Sí mismo.

Adán quiso subir y ser como Dios. Jesús quiso bajar para que nosotros ahora podamos subir con Él. Él se identificó con mi dolor para que yo ahora pueda identificarme con Su victoria.

Adán quiso ser como Dios para ser servido; Cristo, que era Dios, vino a servirnos y lo hace hasta el día de hoy: nos da de Él, nuestra porción de vida cada día.

Nunca se arrepintió de lo que dijo, nunca dio un paso en falso, nunca cometió excesos ni tuvo defectos. Cada paso que dio fue hermoso, lleno de gracia y perfección.

Todas sus acciones fueron justas, nunca cometió pecado en nada, ni en ningún momento, ni con nadie. Así, el Perfecto caminó en medio de los imperfectos. La belleza caminó en medio de la fealdad del corazón humano. El amor sin límites se movió entre las pobres bondades humanas. El Único se movió entre las mismas conductas repetidas de la gente.

19

ES EL PRIMERO, Y TAMBIÉN EL ÚLTIMO

"Y me dijo: Hecho está. Yo soy el Alfa y la Omega,
el principio y el fin. Al que tuviere sed,
yo le daré gratuitamente de la fuente del agua de la vida".
—Apocalipsis 21:6

Las palabras que tenemos registradas en los Evangelios en el griego son solo 396; pero millones de palabras humanas han salido solo de leer esas pocas palabras, y millones dieron su vida porque Aquel, que es la Palabra eterna, sigue hablando.

A pesar de tener tan pocas palabras de Él, cada una de ellas es perfecta, dicha en el momento perfecto, gloriosa y llena de vida. Cada palabra de Él es perfecta por la eternidad.

No importa quién haya hablado a lo largo de la historia humana, todos los grandes discursos humanos palidecen a nada frente a Él. Oírlo hablar trae, aún hoy, alegría y maravillas por sus palabras llenas de gracia.

Nadie jamás podrá repetir sus palabras: "Tus pecados te son perdonados", "Ve en paz", "Vete, y no peques más". Solo en humildad podemos hablar en Su nombre y repetir esa voz eterna a otros para ver cómo la Palabra viviente aún hoy sigue actuando.

Nadie podrá decir: "Yo soy el Alfa, el Primero". Nadie.

Él siempre será el primero como Creador del hombre.

El primero como Redentor del hombre.

El primero en resucitar para no morir.

El primero en la gloria celestial.

El primero como Rey de reyes y Señor de señores.

Él siempre será el Alfa.

Él es la Omega también, y siempre lo será; el único que dijo: "consumado es".

El último en ocupar la cruz de redención.

El último en decretar nuestro futuro.

El último en anunciar la gloria para sus hijos.

Nadie podrá agregar nada más, ya que lo último que Él dijo cerró la voz de todos y la dio por terminada. El Señor Jesucristo: el primero y el último, el Alfa y la Omega, solo Dios, ¡principio y fin!

Calle delante de Él toda la tierra.

20

BRILLA Y SE OCULTA

"Mi tiempo aún no ha llegado,
mas vuestro tiempo siempre está presto".
—Juan 7:6

Donde hay luz, su brillo es más potente que la luz del sol. Sin embargo, a veces, se oculta, desaparece, no se ve. Lo buscamos y no lo oímos, lo llamamos y no lo vemos, sentimos que "se fue"; y este ocultamiento trae un derrumbamiento de algo que el alma utiliza con el tiempo: la familiaridad.

Me acostumbré, ya no lo valoro ni lo busco como antes, es "un amigo más", peor aún: es "uno como yo". Y cuanto más es esta familiaridad, más oscuridad para nosotros es su ocultamiento, hasta que nos derriba, y entonces volvemos a la intimidad.

La familiaridad es del alma; la intimidad es del espíritu.

El primero es bronce; el segundo es oro.

El primero es del alma; el segundo es del espíritu.

El primero esconde superficialidad; el segundo descubre profundidad.

El alma también abraza el conocimiento con el correr del tiempo y deja de lado la experiencia.

El conocimiento no es experiencia.

En el primero sabemos; en el segundo vivimos.

El primero nos habilita para enseñar; el segundo para impartir vida a otros.

El primero son datos valiosos; el segundo es alimento viviente.

El primero nos forma; el segundo nos transforma.

El primero es bueno; el segundo es glorioso.

El primero puede llevarnos a la soberbia; el segundo, a la humildad.

Cuando Él brilla, lo disfrutamos; pero luego se oculta y lo salimos a buscar, lo deseamos. Así, en esa búsqueda, muere la familiaridad y el conocimiento para traer un nuevo nivel de intimidad y de experiencia, y de ese modo tocar nuevamente el misterio.

Sus hermanos le dijeron una vez: "Vete de aquí (de Galilea), y ve a Judea, para que también tus discípulos vean las obras que tú haces. Porque no hay hombre que haga algo en secreto y él mismo busque ser conocido públicamente. Si haces estas cosas, muéstrate al mundo" (Juan 7:2-5).

Sin embargo, el Señor no lo hizo, se ocultó. Él no está jugando a "mira lo que hago, así crees en Mí". Nosotros no le hacemos "un favor" al buscarlo, ni "lo servimos" como si fuese nuestra ofrenda a Él; Él no necesita nada de nosotros, sino nuestra vida en el Altar, rendida totalmente. Y cuando Él se oculta días, semanas, meses, y aun años, en algunas personas es para eso: para describir que nada de lo nuestro es importante y todo lo de Él es lo único valioso.

Cuando lo valoramos como lo más precioso, entonces descubrimos que Su presencia siempre estará abierta para nosotros, a toda hora y en todo tiempo. Y una vez que entremos rendidos y permanezcamos a sus pies, con el yo crucificado, nunca más saldremos de su Divina Presencia.

Cuando Jesús se bautizó, el Padre declaró: "Este es mi Hijo amado, estoy muy complacido"; y eso es lo primero que conocemos de Él. Él es nuestro disfrute, como lo es del Padre. Pero luego, en el monte de la transfiguración, el Padre volvió a hablar de Él diciendo: "Este es mi Hijo amado", y agregó enfáticamente: "Oídlo" (Lucas 9:35). Ahora pasamos a las aguas más profundas; lo obedecemos porque solo es Su voz.

En cada acción de Él, se respira Su perfume; en cada palabra de Él, tocamos su poder; y en cada abrazo que Él nos da, experimentamos Su perfección y amor. Podemos decir con el apóstol Pablo: "Mi único anhelo es ser hallado en él, teniendo por basura todo lo que antes me era ganancia". Y es que cuando vemos su belleza, descubrimos que todo lo demás es nada. La belleza es liberadora de todas las cosas que nos rodean la vida haciéndonos creer que pueden darnos algo.

Su preciosidad tiene la altura sin límites del trono eterno en el cual mora, tiene la profundidad sin límites del Calvario, tiene la anchura de sus brazos amorosos abiertos que pueden abrazar a todos y tiene la largura eterna de nunca terminar. Y en esas cuatro dimensiones de Su amor sin límites, estamos nosotros.

¿No es Él precioso?

CUANDO VEMOS SU BELLEZA, DESCUBRIMOS QUE TODO LO DEMÁS ES NADA.

21

SÓLIDO Y FLEXIBLE

"¿A quién me asemejáis, y me igualáis, y me comparáis, para que seamos semejantes?".

—Isaías 46:5

Nadie sufrió como Él; cargó sobre Sí malas intenciones, rumores, descalificación, maltratos. Sí, nadie sufrió como Él.

Pero el dolor nunca lo cambió.

El tiempo no lo cambió.

La gente no lo cambió.

Un día, se maravilló de la incredulidad de la gente y, en otro momento, se maravilló de la fe de una persona; pero ni lo bueno ni lo malo lograron cambiarlo.

Él vio a otros sufrir y a otros ser bendecidos, pero nada de eso logró cambiarlo ni "para bien ni para mal". Él siempre fue el mismo, único, perfecto, firme, sólido, hermoso.

Fue acosado por las multitudes que gritaron: "¡Crucifícalo!", y por otras que lo querían hacer rey, pero eso tampoco lo alteró; nada logró cambiarlo.

Fue amado por muchos, pero también fue odiado. Tuvo días bellos y otros llenos de persecución. Estuvo con gente poderosa y con gente muy débil; hubo gente que lo siguió y otros que huyeron; estuvo con gente que le agradeció y con otros que no, pero nada logró cambiarlo. Él es el mismo ayer, hoy y por siempre.

La gloria de su persona fue mayor que todo y que todos los que lo rodearon. Juan lo vio en Apocalipsis como siempre fue y expresó: "Su rostro era como el sol que brilla en su fuerza"; y luego, al final del libro, volvió a decir: "Ante cuya cara los cielos y la tierra huyeron". Quienes lo vieron supieron que el Cristo crucificado del Gólgota es "el Señor de la Gloria". Y hoy sabemos que nada cuenta más que Cristo. Todo lo demás no tiene valor.

Todo lo demás perecerá, solo Él permanecerá.

Un enfermo lo detuvo a gritos y fue sanado; unos niños corrían a su alrededor y los bendijo; un pueblo lo rechazó al darle hospedaje y se fue a otro; una mujer bañó con su perfume sus pies en una cena y Él la honró. Fue sensible a las "interrupciones" que el Padre ponía delante de su camino. Nada lo cambió y, también, todo lo guio.

Dice Isaías "¿Con quién me compararás?". ¿Con quién podemos compararlo? La respuesta es rápida y sencilla: con nadie, Él sigue siendo único.

¿Se lo decimos?

**TODO LO DEMÁS PERECERÁ,
SOLO ÉL PERMANECERÁ.**

22

DELANTE Y DETRÁS

"...pero ahora habéis vuelto al Pastor y Obispo de vuestras almas".
— 1 Pedro 2:25

Así expresó David su experiencia en un salmo: "Detrás y delante me rodeaste"; vio dos movimientos en la presencia de Dios sobre él: un título doble del Señor, una experiencia "dual" sobre su vida, una doble autoridad. Y hoy podemos experimentarlo doblemente porque Él es:

Nuestro "Pastor y Obispo". Como Pastor nos cuida, y como Obispo "mira" más allá de nosotros.

Podemos experimentarlo como "Príncipe y Salvador" (Hechos 5:31). Como un Príncipe vencedor de batallas, y como un Salvador que nos redime para siempre.

Podemos experimentarlo como "Apóstol y Sumo Sacerdote" (Hebreos 3:1). Como Apóstol, nos fue enviado a nosotros para hablarnos del Padre, y como Sumo Sacerdote le habla por nosotros al Padre.

Podemos experimentarlo como "Autor y Consumador" (Hebreos 13:2). Como Autor, porque todo lo comienza con autoridad, y como Consumador porque aquello que prometió lo cumple y lo termina.

Podemos experimentarlo como "Maestro y Señor" (Juan 13:13). Como Maestro, porque siempre nos enseña, y como Señor siempre nos dirige.

Podemos experimentarlo como "Primero y Último" (Apocalipsis 1:8). Como Primero porque no hay nadie antes que Él, y como Último porque no hay nada más después de Él.

Por todo esto, David llega en el salmo a la siguiente conclusión: "Tal conocimiento es demasiado maravilloso para mí; alto es, no lo puedo comprender".

23

LA MUERTE VENCIDA

"Pero levantándose Pedro, corrió al sepulcro; y cuando miró dentro, vio los lienzos solos, y se fue a casa maravillándose de lo que había sucedido".

—Mateo 24:12

Generación viene y generación va, los hombres sabemos que vamos a morir. No importa cuánto hagamos, sepamos o logremos, nada impedirá que la muerte llegue. Viene sin aviso, a veces sin respetar la edad de quien absorbe; a veces toma forma lenta y, otras, una violenta e inexplicable. Toca a todos: no distingue nacionalidad ni religión. No le interesa nada ni nadie, está allí para todos. Esta aparece y nos recuerda que existe desde siempre.

Sí, el poder máximo es la muerte.

No hay poder más grande.

Cuando llega, trae dolor, tristeza, angustia.

Todos vimos la muerte a nuestro alrededor y sabemos que un día vendrá por nosotros. Sí, la muerte es el máximo enemigo, del cual nadie escapará. Pero lo que no supo es que un día la Vida se vistió de humanidad: Cristo el Señor vino y se hizo uno como nosotros.

La muerte no la podía tocar, la Vida le dio permiso de entrar en Él.

Cuando dijo: "Padre, en tus manos encomiendo mi espíritu", fueron las palabras que autorizaban a la muerte el desafío; la Vida y la muerte se encontraron cara a cara. Esta mordió el anzuelo, creyendo que otra vez tragaría a ese simple hombre agonizando en una cruz. Así la muerte entró en la Vida y le puso fin; parecía nuevamente otro triunfo, uno más de los miles de millones que tragó en sus sepulcros. Lo retuvo por tres días, pero no pudo más, ¡pues la Vida salió de allí con gloria y esplendor!

¿Qué Vida es esta que vence a la muerte?

La muerte oyó las palabras que nunca nadie había dicho: "Fuiste vencida. ¡No hay más aguijón en ti!".

Ahora, un poder más grande apareció: el poder de la Resurrección.

Fue un domingo de madrugada que esto sucedió; un poder superior a la muerte aparecía. ¡Y ese poder ahora vive en nosotros!

Todos los que recibimos al Señor como Rey y Salvador ahora podemos gritar: "¿Dónde está, sepulcro, tu victoria?

¡Mi Señor venció y ahora su poder de vida vive en mí!

¡La Resurrección y la Vida ahora son mías!

Nunca estaremos bajo tierra; cuando el fin venga, iremos a Él para siempre.

¿Adoramos?

¡MI SEÑOR VENCIÓ Y AHORA SU PODER DE VIDA VIVE EN MÍ!

24

CORONADO Y ACTIVO

"Mas el Dios de toda gracia,
que nos llamó a su gloria eterna en Jesucristo...".
—1 Pedro 5:10

El rostro de nuestro Señor que una vez fue atravesado por espinas, ahora está coronado de gloria y honor. Su frente, que una vez fue traspasada, ahora está adornada con luz inaccesible.

Todo Él hoy vive con gloria eterna, y su rostro bendito brilla en nuestro vivir.

La experiencia de asombro y estremecimiento de Juan escrita en el Apocalipsis es la misma para nosotros hoy. Es un "circuito divino":

Él tiembla (cap. 1:17), luego

Él llora (cap. 5:4), y después

se maravilla con gran asombro (cap. 17:6), para terminar perdiéndose en la gloria eterna (cap. 19:10).

Ser coronado es un fin, pero también es un comienzo.

¡Ahora, desde los cielos, Él trabaja más que antes! Él "trabajó" para ir a la cruz y declaró: "Consumado es"; pero ahora está coronado, trabajando día y noche, edificándonos. ¡Él está edificando su Iglesia! ¡Hay un Cristo celestial que no duerme! Y siempre, pero siempre, está haciendo algo en nosotros. Cristo está hoy en el cielo como Salvador glorificado y, desde allí, nos ministra en todo momento. ¡Aleluya!

El poeta Charles Ross Weeds tituló su poema "Jesús y Alejandro":

Jesús y Alejandro murieron a los treinta y tres años,

Uno murió en Babilonia y uno en el Calvario.

Uno ganó todo para sí mismo, y uno se dio a sí mismo.

Uno conquistó cada trono, el otro cada tumba.

Cuando murió el griego, su trono de espadas cayó para siempre,

pero Jesús murió para vivir para siempre, Señor de señores.

Jesús y Alejandro murieron a los treinta y tres años,

el griego hizo a todos los hombres esclavos; el judío hizo a todos los hombres libres.

Uno construyó un trono sobre la sangre; el otro construyó sobre el amor.

El griego murió para siempre; el judío vive para siempre.

Uno perdió todo lo que obtuvo; el otro ganó todo lo que dio.

25

CUANTO MÁS LO CONOCEMOS, MÁS MIRAMOS LA CRUZ

"Cuando Jesús hubo tomado el vinagre, dijo: Consumado es. Y habiendo inclinado la cabeza, entregó el espíritu".
—Juan 19:30

Cuanto más lo conocemos, más miramos la cruz y más vemos que no sabemos nada, que aún no vimos nada. Nos damos cuenta de que ese vaso de agua que bebimos de Él fue tomado de un océano sin límites, cuyas profundas aguas no se alcanzan a ver. Y al ser absorbidos y perdernos en ese amor, ya no existe nada más.

Todo lo nuestro cesó.

Todo es hallado en Él, ya no buscamos la perfección, ni el amor, ni la paz, ni la alegría, porque ¡todo eso fue hallado en la persona bendita de nuestro Señor! La búsqueda ahora cesó también. La paz lo llena todo, todo fue hallado en Él para siempre de manera completa.

Cuando Él dijo: "Consumado es", no solo había cumplido aquello por lo cual había venido: a morir, sino que también vivió total, íntegra y perfectamente la voluntad del Padre. No hubo día ni hora que hiciera algo por Su cuenta, sino que en todo dependía del Padre; ese fue Su propósito y así fue cumplido. Nos mostró, así, cómo vivir en Él, por Él y para Él.

Él estaba lleno del Padre, nosotros estamos llenos de Él. Cuando nosotros, al morir, partamos a estar con Él, no importará si estamos "al lado del trono" o "en las primeras filas del cielo". ¡Eso no existe! Toda la inmensidad de Su presencia hará que todos seamos llenos de Él; Su deleite y Su luz admirable estarán en todos, dado que no habrá espacio, ni lugar ni tiempo. Y eso mismo lo podemos experimentar ahora cuando Él nos llena, donde no hay lugar, rincón, ambiente, circunstancia ni nada, porque Él lo llena todo. ¿Lo puedes experimentar ahora mismo?

Su luz alumbra con poder para mostrarnos miles de errores de nuestra vieja naturaleza, y aun nuestras mejores virtudes como nada de lo que podamos jactarnos. Y es esa misma luz de amor la que me lleva a derramar con gozo todo mi ser delante de su gracia, y así volver a experimentar que Su gracia es suficiente para mí.

Cuando preguntamos Su nombre, Él nos da la respuesta que le dio a Manoa cuando le preguntó: "¿Cuál es tu nombre?". Él le dijo: "¿Por qué preguntas por mi nombre, siendo que es 'Maravilloso'?".

**ÉL ESTABA LLENO DEL PADRE,
NOSOTROS ESTAMOS LLENOS DE ÉL.**

26

ESTABA EN TODO, PERO FUERA DE TODO

"Yo soy de mi amado, y mi amado es mío...".
—Cantares 6:3

Les dio pan y lo quisieron hacer Rey, pero se fue, no le interesó.

Sanó a unos enfermos y les pidió que no lo contaran, pero lo desobedecieron contándolo. Y a pesar de ello, Él siguió sanando a otros.

Enseñó a algunos y otros lo contradecían, pero aun así siguió revelando las verdades del Padre a los humildes.

Fue despreciado en una casa, pero aun así permitió que una mujer pecadora derramara perfume sobre Él adorándolo.

Fue golpeado y clavado en la cruz, pero aun así soltó perdón y murió por ellos, por mí. Ninguna circunstancia jamás lo determinó.

Nadie le dijo lo que debía hacer, ni las multitudes gritando lo obligaron a bajar de la cruz. Nada ni nadie tuvo poder sobre Él. Estuvo en cada circunstancia adentro, pero estaba afuera, porque nada lo pudo aprisionar, nada lo pudo envolver, nada lo pudo detener. Estaba fuera de todo, estaba fuera de todos; por eso, todo lo hizo bien.

Su hablar fue bueno.

Sus acciones fueron buenas.

Sus pensamientos fueron buenos.

Sus milagros fueron buenos.

Sus silencios fueron buenos.

Sus límites fueron buenos.

Y hoy, sentado en lo alto y sublime, y reinando desde lo más profundo de nuestro corazón, sigue siendo bueno. Todo Él es bueno y lo que sale de Él está lleno de su bondad.

Él fue libre, y esa libertad nos trajo a cada uno de sus hijos hoy. Podemos decir: "Yo soy de mi Amado y mi Amado es mío".

27

ATRAÍDOS POR ÉL

"Mi corazón ha dicho de ti: Buscad mi rostro.
Tu rostro buscaré, oh Jehová".
—Salmos 27:8

Somos atraídos por el otro. Puede ser por el amor, como Rebeca fue atraída a Isaac; puede ser por la sabiduría, como la reina de Sabá fue atraída por Salomón; puede ser por el perdón, como Abigail fue atraída a David. Podemos ser atraídos también por las cosas en común con el otro, por tener las mismas afinidades.

Pero, en nuestro Señor, fuimos atraídos por quién es Él. Él es, y será siempre, único.

Cuando nació, Él atrajo a los magos y pastores.

Cuando fue presentado en el templo, atrajo a los sacerdotes.

Cuando caminaba, atraía a los enfermos y a las multitudes.

Cuando murió, atrajo a su madre y a sus amigos.

En su entierro, atrajo a José, a Nicodemo y a algunas mujeres.

Cuando resucitó, atrajo a todos sus discípulos.

Cuando fue coronado en gloria, atrajo a tres mil, y luego a incontables miles.

Y hoy nos atrae a nosotros, los últimos... los de la "última hora" antes de que Él venga. Siempre Él atrajo, siempre Él atrae, porque es irresistible.

28

MISTERIOSO Y ASOMBROSO

"Con Cristo estoy juntamente crucificado, y ya no vivo yo, mas vive Cristo en mí...".
—Gálatas 2:20

El misterio de Dios es Cristo, y nuestra vida en Él, también es misteriosa:

Vive en mí, pero está sentado en Su trono en el cielo.

Vive en mí, pero Su grandeza es ilimitada.

Vive en mí, pero no lo veo.

Él es para disfrutar, no para entender, por eso los que lo amamos decimos: "Señor, no necesito nada más, todo está en ti".

Las riquezas de Él no son Sus posesiones, sino Su misma persona. Él es el tesoro.

No se trata de aprender algo nuevo de Él, sino de vivir a Alguien. Él es inagotable.

Él es nuestro hogar, nuestro pan, nuestro perfume; es nuestro Salvador, nuestro Señor.

Al mirarlo, su presencia nos cautiva y su carácter perfecto está lleno de gracia y verdad.

Jamás dudó ni estuvo inseguro sobre lo que vino a hacer: morir por mí. Se mantuvo tranquilo y digno. Su voz nunca tembló, nunca buscó llamar la atención sobre Sí y, a pesar de todo lo que hicieron en contra de Él, nunca lograron acorralarlo.

Él fue poderoso en palabra y en obra; de sus manos salió un poder milagroso; de su mirada, un amor asombroso; de su hablar, un dominio maravilloso.

Nunca perdió el dominio sobre Sí mismo, ni maltrató ni estuvo de mal humor. Él fue enteramente santo, tres veces santo.

Él supo al comienzo que "su hora no había llegado". Luego de años de haber servido, pudo saber y decir: "Ha llegado mi hora".

Pasó por todos los dolores: en el desierto tuvo hambre; en el pozo, con la samaritana, tuvo sed; en Jerusalén lloró y se compadeció cuando vio a la multitud como ovejas sin pastor; en Getsemaní agonizó, pero se sometió voluntariamente a la muerte de cruz.

No creó ninguna escuela de filosofía, ni estableció un centro de ayuda social, ni fundó un ejército que lo defendiera o un centro educativo. A pesar de esta realidad, un día Pedro le dijo: "Señor, tú lo sabes todo".

A la edad de doce años; fue encontrado en el templo sentado "en medio" de los religiosos.

Cuando lo crucificaron, junto a otros dos, Él estaba "en medio" de dos ladrones.

En su resurrección, vino y se quedó "en medio" de sus discípulos.

Y hoy Él está "en medio" de aquellos que lo amamos y nos reunimos en su nombre.

Es que Él es todo precioso.

Amén.

ÉL FUE PODEROSO EN PALABRA Y EN OBRA; DE SUS MANOS SALIÓ UN PODER MILAGROSO; DE SU MIRADA, UN AMOR ASOMBROSO; DE SU HABLAR, UN DOMINIO MARAVILLOSO.

29

SU ESTRECHEZ Y AMPLITUD

"Porque estrecha es la puerta, y angosto el camino que lleva a la vida, y pocos son los que la hallan".
—Mateo 7:14

Siendo igual a Dios, al dejar Su trono celestial, Cristo se despojó a Sí mismo tomando forma de siervo. Es decir, se limitó en la expresión de Su poder y de Su gloria. Jesús se sujetó al Padre, se puso bajo Su autoridad y, de esta manera, todo lo que hizo, desde que nació hasta que murió, fue obedecerlo. Por eso, cuando el diablo le pidió que convirtiera las piedras en pan, Él no lo hizo. Jesús jamás desplegó Su voluntad por sí solo, sino de acuerdo con lo que Dios, Su Padre, le decía.

Hasta los treinta años, Jesús permaneció en un taller de carpintería, no hizo nada más. Para aprovechar mejor los pocos años que estaría con nosotros en la tierra, podría haber comenzado Su ministerio mucho antes; de esa manera, hubiese "ganado tiempo", pero no, Él se restringió.

Nunca salió de Israel: vivió en ese pequeño rincón del mundo. Podría haber ido directamente a Atenas o visitado las grandes ciudades a fin de que el impacto fuera mayor, llevando Sus enseñanzas a muchísimos más; pero no lo hizo, estuvo restringido.

Llevó a cabo la mayor parte de Su ministerio con solamente doce hombres. Podría haber organizado grupos multitudinarios de seguidores en cada ciudad; pero no, Él se limitó a un puñado de varones poco preparados con quienes caminaba, comía, dormía y ministraba.

Un día un joven le gritó: "¡Di a mi hermano que comparta la herencia conmigo!", pero Jesús no tomó partido de ese pedido. Él le puso límites a Su tarea, a Sus actividades. En otra ocasión, cuando Su familia le pidió que fuera a Jerusalén a mostrar Su poder, respondió: "No". Se restringió en Su hacer.

Jesús solo hizo una cosa: limitarse a Sí mismo cual río que es llevado por su cauce. Su única tarea fue vivir al Padre, hacer Su deseo, depender de Su Señor. Y esta restricción lo llevó a ser vencedor. La tarea de vivir al Padre fue Su brújula. Ahora comprendemos cómo, en tan pocos años, logró algo sobrenatural que perdura hasta hoy y por toda la eternidad. Esta es la razón por la que Jesús afirmó: "He acabado la obra que me diste que hiciese". Él nunca perdió ni un minuto, ni se dejó llevar por las ideas de otros. Su única tarea fue hacer la voluntad del Padre.

Esa fue Su verdadero y angosto campo de acción. Entonces, el Padre lo hizo amplio.

Cristo hizo una sola cosa: depender del Padre. Ese camino angosto le dio un corazón amplio, sin medida. Fue fiel en lo poco y así ganó a todos. Llegó a todo el mundo, a todas las personas, en todos los tiempos. Se despojó de Su gloria y ahora posee toda la gloria. Se limitó a Sí mismo y ahora tiene toda la autoridad. Soltó palabras que no dejan de ser con el correr de los siglos, que son eternas. Las ideas sociales, políticas, científicas pasan y van cambiando, pero Él sigue eternamente. Han transcurrido siglos, y las culturas, las ideas, los pensamientos, todo va cambiando y es reemplazado, pero Su Palabra aún sigue brillando, no cambia.

Sus enseñanzas llegan al niño, al adulto, al anciano, al pobre, al rico, al sano y al enfermo, a todos. No importa el continente en el que vivamos, ni el país, ni la ciudad. Ya sea en América, Asia o Europa, en una ciudad con millones de habitantes o en un pequeño pueblo perdido, Su Palabra sigue igual, no ha cambiado, ni cambiará, es invariable y eterna. Y Cristo alcanzó todo esto por una sola cosa: Su estrechez con Dios.

Su corazón tenía una amplitud inconmensurable. Él pudo ir a Samaria, donde estaban los despreciados, llegar a los publicanos con quienes nadie quería comer, estar al lado del leproso que nadie quería tocar. Su vida no tenía límites, ni fronteras. Sus palabras y Sus acciones derribaron los límites de las personas y demolieron a los enemigos que querían humillarlo, terminando ellos por ser los humillados.

Su amor es amplio, tanto que su altura, profundidad, longitud y anchura no tienen límites. Su Presencia llena a todos, y el todo de Su amor nos abraza enteramente. El apóstol Pablo, que vivía al Señor, manifestó: "Solo una cosa hago: mi meta es vivir a Cristo". ¿Y qué le sucedió? Escribió catorce cartas del Nuevo Testamento y realizó tres viajes misioneros por todo el mundo. En Éfeso tomó un puñado de personas y trajo un avivamiento de unas doscientas cincuenta mil personas. Además, Pablo hizo milagros extraordinarios de todo tipo, y llegó a las culturas griega, judía y romana. Esa amplitud no viene de hacer mucho o de tener numerosos objetivos, sino de enfocarse en un propósito: vivir a Cristo.

30

SU ALEGRÍA

"Gozaos y alegraos, porque vuestro galardón es grande en los cielos; porque así persiguieron a los profetas que fueron antes de vosotros".
—Mateo 5:12

"*Gozaos y alegraos sobremanera*", exhortó el Señor. Muchos creyentes tienen la imagen de un Cristo triste, enojado, serio. Así lo han representado algunos pintores, de acuerdo con las emociones de sus almas. El hecho es que en el alma se encuentran distintos niveles de alegría. Algunos de estos se originan en lo *corporal*, como lo es el placer de comer, de acariciarse, de asearse, del encuentro con el otro. Otro tipo de alegría que también experimenta el ser humano se origina desde el área *emocional*. La alegría emocional es la que más solemos buscar y la que sentimos cuando salimos con amigos, cuando compartimos una comida, un paseo, un viaje. Es la alegría que generan los encuentros, las charlas, las fiestas. Otro nivel de alegría es el *estético*. Aquí nos estamos refiriendo a la alegría que sentimos al observar la belleza de un paisaje, de escuchar buena música, de contemplar la naturaleza. Sin embargo, la alegría que vivenciamos al estar con Jesús no pertenece a ninguno de estos órdenes, sino a otra dimensión, a otra calidad.

Cuando lo tocamos a Él, nuestro espíritu se enciende, arde. Así lo describieron los de Emaús cuando expresaron: "¿No ardía nuestro corazón?". Estar con Él nos produce felicidad, la misma que vivió Pedro cuando Jesús le dijo: *"Bienaventurado eres, Pedro, porque Mi Padre te reveló que Yo soy el Cristo"*. Es una alegría que nos llena de fuerzas, porque La Escritura afirma: *"El gozo del Señor es nuestra fortaleza"*.

Esta alegría no se puede explicar ni poner en palabras; es perfecta, celestial, sobrenatural y preciosa, ¡porque es Cristo mismo!

Sus enemigos pensaban que la alegría de Cristo venía por comer, beber o ser amigo de los publicanos. Ellos se encargaron de desvirtuar las acciones de Jesús que no entendían. Le dijeron "glotón" y "bebedor", expresiones definitivamente exageradas; lo llamaron "amigo de publicanos y pecadores", porque pasaba tiempo enseñando a quienes nadie quería. Lo que no sabían era que Él no era como ellos, no tenía sus sentidos naturales, sino que Su gozo nacía de ser uno con el Padre.

Si Jesús hubiese sido tosco, amargado, triste, jamás le hubiesen hecho estas acusaciones. Él mismo dijo: "Mis discípulos no ayunan, porque el Novio está con ellos". Cuando experimentamos Su alegría, Él se manifiesta en nosotros.

Los niños se le acercaban, ¡y los pequeños solo se le aproximan a una persona divertida! Días enteros Él pasaba hablando con la gente, y las personas, fascinadas, recibían Sus enseñanzas. Su alegría era tanta que cuando lloró frente a la tumba de Lázaro o en Jerusalén, la multitud se asombró de verlo triste, pues no era frecuente verlo así. Esta es la razón por la que los eventos en los que se lo vio llorando fueron registrados.

La alegría de Cristo es una alegría que "arde". Así lo expresó el propio Jesús en Lucas 12:49: *Fuego vine a echar sobre la tierra.*

Un fuego que lo llevó a olvidarse de que Sus padres se habían marchado del templo hacía tres días.

Un fuego que le permitió sentarse con los rabinos de la época y hacerles preguntas que los descolocaban.

Un fuego que lo hacía orar toda la noche.

Un fuego que lo llevaba aun a olvidarse de comer por llevar a cabo la tarea de impartir el amor del Padre.

Un fuego que lo mantenía despierto durante toda la noche para estar más tiempo con el Padre.

Un fuego que llevó a Su familia a pensar que estaba fuera de sí.

Él nunca fue pálido, débil, desanimado, frío, tibio, estresado, irritable. El Bautista sabía que Cristo "bautizaría con fuego", el mismo fuego que se derramaría en Pentecostés bajo la forma de lenguas de poder, y el mismo que vio Juan en Apocalipsis. Hoy, amigo, ese fuego de alegría vive en nosotros.

Otra variante de esta alegría es el ánimo. Él les dijo varias veces a Sus discípulos: "Ánimo, soy Yo". Hay un optimismo necio que niega la realidad y otro que la acepta e imagina que algo bueno sucederá. Pero Su ánimo era distinto, pues se trataba de una expresión de Su divinidad. Cristo nunca se desesperó, a pesar de todo el dolor que atravesó por las injusticias que lo rodearon; hasta el último día de Su vida, siempre tuvo luz. Fue traicionado, herido, dejado, pero aun así mantuvo la alegría del Padre.

Él nunca fue derribado por el desánimo, ni confundido por la negatividad del ambiente, ni nublado por las dificultades externas; nunca fue desconcertado por las malas interpretaciones que hacían de Sus palabras, ni por el odio de Sus enemigos. El Padre estaba en Él, y eso le alcanzaba. Tampoco fue desviado de Su objetivo a causa del amor de Sus amigos, quienes incluso le pidieron que no entregara Su vida, ni por el beso de amistad que lo llevó a la cruz, ni por el canto de los niños que lo adoraron con todas sus fuerzas, ni siquiera por los aplausos de la multitud que quería coronarlo rey. *Nada ni nadie lo desanimó; nada ni nadie lo animó*. Su ánimo venía de una sola fuente: ser uno con el Padre. Ni el odio de Sus enemigos, ni el amor de Sus más grandes amigos lo desviaron del Padre. Ni el accionar de los políticos más corruptos, ni el desconsuelo de Su madre lo desviaron de Su misión. Él fue inalterable en Su amor por el Padre. Su ánimo es una fuerza que empuja, es como un viento que expresa y que nos eleva por sobre las circunstancias.

¿Le adoramos?

31

SU DAR

"En todo os he enseñado que, trabajando así, se debe ayudar a los necesitados, y recordar las palabras del Señor Jesús, que dijo: Más bienaventurado es dar que recibir".
—Hechos 20:35

El dar humano no es el mismo que el dar de Cristo. Nosotros damos porque nos dieron antes. Alguien nos invitó a comer, y ahora nosotros devolvemos el gesto y lo invitamos. También solemos dar para que luego nos den o, aún peor, no damos... como la persona tacaña que ahorra elementos como símbolos del amor que no posee en su interior y, al mismo tiempo, envidia a quienes son generosos. O quizá sí somos generosos y brindamos tiempo, ayuda, etc. Sin embargo, dar de Cristo es otra cosa. ¿Cuál es la diferencia? Que Cristo se dio. Él dio de Su persona. Cristo es el perfume que rompió la adoradora; es el Isaac que Abraham puso en el Altar; es el pan que le dio la viuda al profeta. Él es "la preciosa semilla".

Todos damos "semillas" —tiempo, ayuda, amor—, pero solo Él, Su persona, es la "preciosa semilla". Cristo se dio totalmente, y aún hoy sigue haciéndolo por toda la eternidad. Dio a quienes no podíamos devolverle nada. Sus enseñanzas sobre el dinero eran en contra de la miserabilidad, de la avaricia de aquellos que no pueden dar.

Una mujer derramó un frasco de perfume y los avaros reaccionaron. En otra oportunidad, le contó a la multitud la parábola de los obreros contratados en la viña, quienes habían tenido una gran paga, pero los avaros se quejaron de la generosidad del empleador. El avaro busca acumular, obtener cosas, aunque se trate de objetos que no use. Su deseo es retener para luego prestarlas cobrando interés, como si este fuera un tributo al rey. El avaro se siente poderoso acaparando pertenencias; con objetos intenta tapar o llenar su vacío de amor. De allí que utiliza su dinero o sus bienes para hacer sufrir al otro, percibiendo intereses por prestarlos o no dando nada de lo que posee. Lo cierto es que, cuando no podemos dar un objeto, lo poseemos y nos posee. En cambio, cuando podemos dar ese algo que queremos, tenemos el objeto, pero él no nos tiene a nosotros.

La riqueza de Cristo es la *única* riqueza eterna. Si Dios nos dio a Su Hijo, nos dará junto con *Él* todas las cosas.

Cristo fue generoso con Su tiempo, con las revelaciones del cielo, con Su amor. Dio incluso Su vida. Él entregó más de lo que cualquier persona podía recibir y aún entender. Multiplicó el pan ¡y sobraron doce cestas! Y así como esa viuda que solo tenía dos monedas y se las dio, o la mujer que rompió el frasco y derramó el perfume sobre Su cuerpo, Él nos da también todas Sus riquezas y rompe Su frasco de aceite sobre nosotros. Cristo vino para servir y, aún hoy, nos sigue sirviendo de Él mismo sin límites, porque Él es generoso.

Como dijimos, el Hijo es la preciosa semilla, y cada semilla produce según su especie. Cuando lo damos a Él, estamos dando lo mejor que alguien puede recibir y, al mismo tiempo, Él nos da más de Sí. Por eso, nunca maldigas tu semilla; no hables mal de cuando das en Su nombre. Cuando Él sea tu mejor riqueza, las riquezas saldrán de Él.

LA RIQUEZA DE CRISTO ES LA *ÚNICA* RIQUEZA ETERNA. SI DIOS NOS DIO A SU HIJO, NOS DARÁ JUNTO CON *ÉL* TODAS LAS COSAS.

32

SU TEMOR

"Vosotros, pues, oraréis así: Padre nuestro que estás en los cielos, santificado sea tu nombre".
—Mateo 6:9

El temor humano se origina cuando sentimos que nos exponemos a un peligro, ya sea interno o externo. Frente a un riesgo o amenaza, nos paralizamos o huimos. El temor de Cristo, sin embargo, es totalmente distinto:

El miedo humano nos hace ocultarnos; el temor de Cristo nos hace confesar.

El miedo humano nos lleva a huir de la presencia de Dios; el temor de Cristo nos hace ir a Dios.

En el temor humano nos sentimos pequeños; en el temor de Cristo lo vemos a Él inconmensurable.

El temor de Dios nace cuando tocamos Su grandeza, como señal de respeto, consagración y honor que crece al ver Su grandeza y misterio. Un silencio respetuoso nos invade, solo podemos tener un acto de reverencia temerosa frente a la magnificencia de Su divinidad. Una expresión donde mostramos que nuestro "yo" ha muerto y todo nuestro ser está lleno de Él.

El Libro de Hebreos afirma que Jesús "oraba con temor reverente", y que debido a Su actitud Sus oraciones fueron oídas. Jesús tocaba la grandeza inescrutable del Padre. Cada día caminaba ante la inmensidad de Su Padre Celestial.

El temor de Cristo es la expresión de que la familiaridad, el menosprecio, la indiferencia, la ligereza, la superficialidad y la frialdad han muerto por completo; junto a lo mecánico, al rito, a la forma vacía de responder, a la tarea, a la oración del alma, a la adoración actuada, a la distracción, a las excusas. Nuestro espíritu vuelve a las alturas celestiales y se suma al "Santo, Santo, Santo" eterno de millares que lo adoran con reverencia. Su sabiduría ahora fluye, porque el temor a Jehová es el principio de la sabiduría.

El temor de Dios es la humildad y la reverencia frente al majestuoso Rey.

Nuestro Señor fue reverente durante treinta y tres años; a toda hora fue consciente de la presencia de Su Padre en Su vida. No era un saco que se sacaba y se volvía a poner en una reunión. Cuando analizamos Su vida, en Su hacer, en Su hablar, en Su actuar, siempre está presente la reverencia. Vemos en Cristo a un hombre reverencial y consciente de que Su Padre estaba allí.

EL TEMOR DE DIOS ES LA HUMILDAD Y LA REVERENCIA FRENTE AL MAJESTUOSO REY.

Cuando le enseñó a la muchedumbre a orar, dijo: "Santificado sea tu nombre", y ese debe ser el punto de partida de todas nuestras oraciones. Es el temor a Él lo que libera todo lo demás. Una reverencia que no nace del miedo, sino de haber tocado el misterio de Él, Su grandeza eterna, Su inmensidad sin límites. Eso es la gloria, verlo a Él a cada momento. Jesús dio gracias por los cinco panes, oró agradeciendo antes de resucitar a Lázaro, cantó en la Pascua, le dio Su espíritu al Padre. Su temor era bello, lleno de un respeto hermoso, pujante de vida y de alegría.

Y ahora Cristo se expresa en nosotros con ese honor capaz de tocar la vida de otros. Cuando nos enseña a honrar al prójimo, no está diciéndonos que lo felicitemos o que hagamos algo para que la persona se sienta respetada o valorada, sino que permitamos que la reverencia de Cristo se exprese, porque solo entonces la gente tocará Su temor y también glorificará al Padre que está en los cielos, diciendo de corazón: "Santo, Santo, Santo".

33

SU HUMILDAD

"Llevad mi yugo sobre vosotros, y aprended de mí,
que soy manso y humilde de corazón;
y hallaréis descanso para vuestras almas".
—Mateo 11:29

La humildad del alma nada tiene que ver con la humildad de Cristo. La primera es una humildad caída, teñida de baja estima, de cierta debilidad; en un sentido, un poco egoísta. Pareciera ser una humildad disfrazada, una caricatura grotesca, una falsificación de la verdadera y única humildad: la de Él. En apariencia, es noble reconocer las debilidades, bajar la cabeza, ser dócil, no querer impresionar a la gente, felicitar a otros; sin embargo, aun así, esa humildad no es como la de Cristo.

Algunas personas ni siquiera tienen humildad humana y se muestran como gente orgullosa de sí misma. Miran a los demás como inferiores, les hablan con menosprecio, con condenación, juzgándolos con dureza.

Mientras que la humildad humana se trata de pensar poco en uno mismo, la humildad de Cristo implica no verse a sí mismo, no pensar en uno mismo. No consideramos nuestras debilidades ni nuestras fortalezas, ¡directamente no nos vemos!

Ningún ser humano posee la humildad de Cristo. Su humildad perfecta no está en nuestra naturaleza.

No existe ningún humano humilde para Dios. Si bien algunos pueden pasar desapercibidos, siguen existiendo. La humildad de Cristo es morir a nosotros mismos, y eso solo se consigue dejando nuestra vida en el Altar. Si no hay Altar, jamás Cristo-humildad podrá expresarse. De allí que Jesús nos enseña a tener la humildad y la sencillez de los niños, exhortándonos a ser como ellos.

Cuando nuestro *yo* ya no existe, porque ha muerto en el Altar, solo deseamos que Él se exprese y se lleve toda la gloria. A esta humildad no se llega por esfuerzo humano o por sometimiento al otro y, ciertamente, tampoco por hacer que no somos importantes y que preferimos pasar desapercibidos, sino por morir en el Altar. A veces, como lo hizo con el apóstol Pablo, el Señor nos deja "un aguijón" para recordarnos nuestra debilidad y nuestra necesidad de Él.

La humildad de Cristo es perfecta, no es débil ni se somete a nada. Es una humildad marcada por la docilidad, sin ambición, es un "olvidarse de sí mismo" para "acordarse del amor del Padre". En Jesús no hubo arrogancia; Él no pudo vivir sin orar y depender de Su Padre, sin preguntarle qué debía hacer y qué no. Él solo quiso ser útil y servirle.

NINGÚN SER HUMANO POSEE LA HUMILDAD DE CRISTO. SU HUMILDAD PERFECTA NO ESTÁ EN NUESTRA NATURALEZA.

Como veremos más adelante, Cristo pudo mostrar Su limitación (y decir, por ejemplo, que no sabía la fecha de la segunda venida) y, a la vez, mostrar Su omnisciencia.

Jesús no dejó de ser Dios, ni se desvistió de los atributos divinos a fin de convertirse en hombre, sino que, como tal, sometió el uso de Sus atributos divinos a la voluntad del Padre, lo cual hacía que, en ciertas oportunidades, Su omnisciencia se manifestara (Mateo 9:4; Juan 2:24-25; 4:17-18; 11:11-14; 16:30) y, en otras, cuando esta estaba velada por Su humanidad, obraba conforme a la voluntad del Padre (Marcos 13:32).

34

SU ENOJO

"Entonces, mirándolos alrededor con enojo, entristecido por la dureza de sus corazones, dijo al hombre: Extiende tu mano. Y él la extendió, y la mano le fue restaurada sana".
—Marcos 3:5

Nuestro enojo está asociado a la frustración, a la angustia que se exterioriza disfrazada de ira, a la amargura, a nuestro egoísmo. Muchas veces nos enojamos por cosas vanas, producto de nuestra naturaleza caída. Esta es la razón por la que pensamos que Jesús puede estar enojado. Sin embargo, Su enojo nada tiene que ver con el nuestro. Él se enojó al ver al pueblo profanar el templo, se enojó por la dureza que mostraban los fariseos.

Sí, Cristo se enoja, pero Su enojo no es igual al nuestro. Él es Cordero y León. Mientras nuestro enojo nace del malestar, el Suyo nace de Su amor, de Su santidad. De allí la indignación de Jesús. En Él, amor e indignación van juntos.

Su enojo es sin pecado. Cristo se enoja cuando observa un obstáculo que impide el aumento de Cristo, pero eso nunca lo lleva al maltrato, ni a estallar, sino a destruir ese problema para que Él pueda crecer.

Jesús no se enojó porque no lo saludaron o porque alguien le dijo: "No"; tampoco cuando lo clavaron en la cruz o cuando lo criticaron. Pero sí se enojó con los que ponían cargas sobre los débiles y expresó: *Y cualquiera que haga tropezar a alguno de estos pequeños que creen en mí, mejor le fuera que se le colgase al cuello una piedra de molino de asno, y que se le hundiese en lo profundo del mar* (Marcos 9:42).

En una oportunidad, Cristo se enojó en el templo de Jerusalén. Hizo salir al ganado y tiró las mesas de los cambistas y de los vendedores de palomas, haciendo caer las monedas por el suelo. En la puerta del templo, los mercaderes comercializaban las ofrendas que la gente iba a ofrendar, pero lo hacían a un valor desmesurado, excesivo. Por esta razón, los pobres no podían ofrendar, ni adorar a Dios con sus ofrendas. Al ver esta situación, Jesús se airó y les dijo: "Mi casa es casa de oración para todas las naciones. Ustedes son un obstáculo, pues la han hecho cueva de ladrones". Aquel día, cuando Jesús se enojó, vinieron los ciegos, los cojos y los niños, y aconteció una maravillosa reunión de milagros.

Todo Cristo es recto, firme, fino, hermoso, solemne. El Señor derriba cualquier obstáculo para que lo amemos y lo celebremos solo a Él.

Cristo también se enojó con los religiosos, cuyas reglas indicaban que ciertas personas no entrarían al Reino. Lavarse las manos como un acto ritual o consagrar el dinero (ley Corbán[1]) con el objetivo de no brindar ayuda económica, son solamente algunos ejemplos de reglas inventadas que enojaron al Señor. Existen reglas religiosas o mentales creadas por nosotros mismos que no permiten que Cristo aumente; ellas producen en el Señor un enojo santo y la voluntad firme de derribarlas. ¡Los hijos de Dios no vivimos por reglas, sino por vivir a Cristo!

El Señor también se enojó cuando no les permitieron a los niños que lo tocaran y cuando la gente no quiso que el hombre con la mano seca fuera sanado. Su enojo o santa indignación se expresa al ver algo o a alguien que actúa como un freno para que Él no crezca en nuestra vida y sea nuestra alegría. Esta es Su santa indignación, Su ira expresada sin pecado.

TODO CRISTO ES RECTO, FIRME, FINO, HERMOSO, SOLEMNE. EL SEÑOR DERRIBA CUALQUIER OBSTÁCULO PARA QUE LO AMEMOS Y LO CELEBREMOS SOLO A ÉL.

1. La ley "Corbán" significaba que el dinero que la persona tenía estaba consagrado para Dios (con este dinero no podía ayudar ni a los necesitados ni a sus propios padres). Sin embargo, muchos lo utilizaban para sus gustos personales.

35

SU AUTORIDAD

"Y entraron en Capernaum; y los días de reposo, entrando en la sinagoga, enseñaba".
—Marcos 1:21

Jesús enseñaba como quien tiene autoridad. Nuestra autoridad humana puede provenir de una posición, de un nombramiento, de un saber, del dinero, pero Su autoridad proviene de Su gloria.

Cuando vinieron a arrestarlo y le preguntaron si era Jesús, Él simplemente respondió: "Yo soy", y todos cayeron de espaldas al suelo. Pilato le tuvo miedo, se lavó las manos. Cristo no aceptó ciertas doctrinas sin vida; no pudieron manipularlo; nunca fue utilizado con fines políticos o religiosos. Su autoridad salía de Él en forma de órdenes breves, dadas una sola vez y con gloria, como cuando dijo: "Quiero", "Sé sano", "Levántate, toma tu lecho y vete a tu casa". Era Él mismo expresando Su gloria.

No fue Su enseñanza lo que cambió a la gente, sino que esta era Él mismo. Cada palabra que salía de Su boca era Él mismo en Su gloria. Cristo mismo era la lección, la parábola, la sanidad, el poder que se liberaba cuando lo tocaban. Él no vivía lo que enseñaba, sino que Él mismo era la enseñanza. Todo aquel que lo escuchaba era transformado, porque al recibir Sus palabras, lo recibía a Él. Jesús podía enseñar en cualquier lugar, ya sea en una plaza o en un templo, y llegar tanto a un niño como a un adulto, a una persona sana o a un enfermo, porque se daba a Sí mismo. ¡Y aún hoy sigue haciéndolo!

Cristo mismo produce lo que *Él* es. El Señor no utiliza técnicas de motivación, métodos pedagógicos o fórmula alguna.

Jesús no tenía un método diferente para enseñar, para preguntar, para transmitir las verdades. Lo que Él poseía era intimidad y, a raíz de ella, el Padre lo guiaba en lo que debía decir, preguntar y enseñar. Nuestra oración, entonces, tiene que ser: "Señor, hazlo tú; manifiéstate tú", pues Su autoridad produce un impacto en los oyentes. Observemos que en su Evangelio, Marcos cita: "*Y todos estaban asombrados*" (Marcos 1:27).

A Juan el Bautista lo seguían las multitudes; Él estaba lleno de poder, pero cuando vio al Señor experimentó la fuerza y el impacto de Su persona.

Los dos pescadores, al escuchar Su voz cuando dijo: "¡Síganme!", inmediatamente dejaron las redes y lo siguieron. Lo mismo le sucedió a Mateo, quien oyó "sígueme" y la fuerza de Su palabra lo arrastró a Él.

CRISTO MISMO PRODUCE LO QUE *ÉL* ES. EL SEÑOR NO UTILIZA TÉCNICAS DE MOTIVACIÓN, MÉTODOS PEDAGÓGICOS O FÓRMULA ALGUNA.

La multitud lo escuchaba y quedaba asombrada por Su autoridad. Las palabras de Jesús salían de Su boca como un río, con fuerza, con seguridad, impactando a todos los que las oían. Y es ese mismo Cristo quien se expresa en nuestra vida cotidiana, en nuestro trabajo, en una cena en familia, mientras realizamos nuestras actividades diarias, porque Él siempre impacta.

Como dijimos anteriormente, Jesús no tenía un sitio específico donde enseñar, lo hacía en todo lugar, en el templo, en la plaza, en la calle, en el pozo, en el monte, en una casa, y siempre le fue bien, porque hacía lo que el Padre ponía en Su corazón. Él era libre frente a las presiones de Su familia, de Sus enemigos y aun de Sus amigos, porque al vivir haciendo la voluntad del Padre, los lazos del alma humana no podían dominarlo.

Respecto de nuestro Señor, James Smith, pastor y escritor estadounidense, nos comparte estas bellas palabras:

> *El Señor Jesús es el tema de mis meditaciones. No pasa un día sin que mis pensamientos estén ocupados con Él. Olvidar a quien pueda, nunca lo olvido. Nada alimenta, nada refresca, nada deleita mi alma como vigorosas meditaciones en Jesús. Me detengo a veces en las glorias de Su*

persona, las riquezas de Su gracia, el mérito de Su sangre, la gloria trascendente de Su justicia, la ternura de Su simpatía, la constancia de Su amor, la inmensidad de Sus recursos, la grandeza de Su poder, la gloria de Sus oficios, la prevalencia de Su intercesión y la grandeza de Su segunda venida, hasta que quedo enamorado de Su belleza y extasiado con Su amor.

36

SU FE

"Con Cristo estoy juntamente crucificado, y ya no vivo yo,
mas vive Cristo en mí; y lo que ahora vivo en la carne,
lo vivo en la fe del Hijo de Dios,
el cual me amó y se entregó a sí mismo por mí".
—Gálatas 2:20

No es *tu* fe o *mi* fe, sino *Su* fe. Nuestra fe no sirve porque es producto de nuestra alma; Su fe, en cambio, es producto de lo que Él es. En el Reino no hay nada de nosotros, porque todo lo nuestro está caído, allí es todo lo de Él. Entonces, la fe humana no es la fe de Cristo. ¿Y cómo es la fe humana? Veamos:

- La fe humana es una fe intelectual. Decimos, por ejemplo: "Creo en Jesús", "Creo que fue un gran maestro y el Hijo de Dios", "Creo que la Biblia es la Palabra de Dios". Es decir, es una fe pensada, explicada, lógica, razonable.
- Es una fe que producimos nosotros. Borges contó que una vez le preguntaron si era creyente, y él respondió: "Traté de creer, pero no pude". Otras personas afirman: "Me esfuerzo por creer" o no creen por un mal testimonio.
- Es una fe emocional. Un día sientes que tienes fe, y un par de días después ya te quedaste sin fe. Confundimos fe con entusiasmo.

Es un mito creer que la fe es un poder que podemos usar. Por ejemplo, hay quienes creen que, como tienen fe, Dios tiene que darles el milagro. Por ejemplo, afirman: "Yo tengo fe, así que Dios va a restaurar a mi pareja". Dicho de otro modo, como la persona tiene fe, Dios, a modo de Papá Noel, debe darle lo que pide. Ahora bien, ¿te pasó alguna vez que oraste, tuviste fe de que Dios sanaría a alguien, pero la persona murió? ¿O que pediste una pareja y la que vino fue la peor persona que conociste en tu vida? En esas circunstancias, te preguntas: "Si tuve fe, ¿por qué no funcionó?". Lo que ocurre es que la fe no es un poder, no es que si tenemos a Dios, entonces Él está obligado a obrar. ¡El Señor no es nuestro sirviente!

En Gálatas 2:20, el apóstol Pablo explica que no es nuestra fe, sino Su fe, la fe del Hijo. La fe no es ni intelectual ni antiintelectual, no es ni emocional ni antiemocional, la fe es la fe del Hijo. Como si fuera un objeto que nos entrega, Cristo nos da Su fe para que la usemos. No es nuestra, pero la usamos nosotros. La gente que nos ve piensa que se trata de nuestra fe, es decir, cree que es por tu fe o por mi fe que el milagro ocurre, pero no, es por Su fe. Muchas veces, Jesús dijo: "Por tu fe estás sano", pero no era por la fe de la persona, sino por la fe que Él le había dado para que use, y como la persona la usó, Él obró.

¿Cómo se produce la fe de Él? De una sola manera: con intimidad. La raíz es tener intimidad con Cristo, porque de esa intimidad salen los frutos: el amor de Él, la paz de Él, la fe de Él. Entonces, no se trata de que trates de producir fe, lo que tienes que hacer es tener tus raíces en intimidad con el Señor. Si así lo haces, la fe saldrá espontáneamente. Recuerda que la fe no es la raíz, sino el fruto. Y la única raíz que produce el fruto del Espíritu es la intimidad. Cuando tienes intimidad, el carácter de Cristo sale solo, naturalmente, y la fe es una de las facetas de Su carácter. De esta manera, cuanta más intimidad tengas, más fe del Hijo saldrá de ti. Entonces, si tienes intimidad, Él te da la palabra. A la palabra que el Señor te da la llamamos "carga", porque porta gloria, fe y poder. Cuando sueltas esa palabra que el Señor te dio, Dios obra.

En el siguiente pasaje, el apóstol Pablo resuelve uno de los misterios más grandes de la historia, y lo hace en dos frases inspiradas por el Espíritu Santo:

> *"Así que la fe es por el oír, y el oír, por la palabra de Dios".*
> Romanos 10:17

La fe es (o viene) por oír la Palabra de Dios. Aquí Pablo nos está dando una llave: tenemos que oír la Palabra, porque la carga que Dios nos da, porta fe. Imagina que la Palabra es el marco del anteojo y la fe el cristal. De nada sirve el marco si no tiene cristales. La Palabra viene con fe, es decir, cuando Dios te da una palabra, te la entrega lista para que la uses, no le tienes que agregar tu fe.

La Palabra de Dios siempre produce fe del Hijo, y esta hace visible lo invisible. Nunca habías viajado, pero ahora empezaste a viajar; nunca habías tenido una propiedad, pero ahora tienes tu casa. La fe del Hijo, además, hace invisible lo visible. Había un tumor, pero ahora ha desaparecido; tenías una deuda, pero ahora la deuda ya no está. La palabra hace visible lo invisible y, otras veces, a lo que estaba visible lo hace desaparecer para siempre. ¡Ese es el poder de la fe del Hijo!

La fe es una certeza, una convicción, una seguridad. Es la certeza de Cristo, la seguridad de Cristo. ¡La fe es Cristo mismo!

Cuando miramos la vida del Señor, vemos diferentes expresiones de Su fe:

LA FE ES UNA CERTEZA, UNA CONVICCIÓN, UNA SEGURIDAD. ES LA CERTEZA DE CRISTO, LA SEGURIDAD DE CRISTO. ¡LA FE ES CRISTO MISMO!

FIRMEZA

Al Señor nada lo desvió, nadie lo dominó. Resistió todo lo que se le puso adelante. Y cuando lo que se le oponía duraba mucho, también venció la prueba del tiempo. Él no se sometió a la religiosidad del fariseo, ni a las doctrinas distorsionadas del sábado. Se opuso a las voces que lo querían hacer rey y a las otras voces que gritaron: "¡Crucifícale!". Su fuerza fue sin límites, sus enemigos no pudieron manipularlo ni vencerlo, pero tampoco sus amigos. Por ejemplo, cuando Pedro le pidió que no fuera a la cruz o cuando le dijeron que fuera a Jerusalén, Él respondió con firmeza: "No".

CONFIANZA

A los doce años, cuando comenzó Su vida pública, Jesús dijo: "En los negocios de mi Padre debo estar" y, cuando murió en la cruz, declaró: "En tus manos encomiendo mi espíritu". Él empezó y terminó confiando en Su Padre. Cristo oraba de tal manera que los discípulos le pidieron que les enseñara a hacerlo. Ellos oraban desde niños, pero vieron en Él algo distinto, una confianza profunda.

VALENTÍA

En el alma humana hay dosis, niveles o expresiones de valor. Existe la valentía del que es fuerte físicamente, por ejemplo, que conoce su cuerpo y las habilidades de su fuerza natural, de manera que sabe que su físico le responderá. Está también el valiente entrenado, como es el caso del policía, el militar o el bombero. Frente a una batalla, la persona despliega su fuerza, la adrenalina de la guerra se le activa frente a la crisis. Esta valentía es ocasional, surge en un momento particular, frente a la necesidad de ayudar a alguien, ante un incendio o un accidente.

Jesús no fue así, Su valor era de otra calidad. Él tenía valentía en los días difíciles y en los fáciles, para las cosas grandes y para las pequeñas, para la gente complicada y para la sencilla. Cristo tuvo valor tanto para echar a los cambistas del templo como para hablar con una mujer samaritana al mediodía, o para decirle a Pedro: "Apártate de mí, Satanás". El suyo fue un valor lleno de belleza y hermosura, de calma y de verdad. Tuvo la valentía de hablarle a una multitud de cinco mil y ver cómo se iban yendo todos cuando dijo que Él era el verdadero pan. Su valentía no miraba las circunstancias ni necesitaba probar nada a la gente o a Sí mismo.

Cristo tuvo el valor de confiar en Su Padre y la firmeza de ir a Jerusalén a morir por nosotros, la valentía de dejar el cielo y hacerse hombre. Jesús puso debajo de Sus pies todas las cosas valiosas y hermosas a las cuales podría haberse aferrado. Eso es valor. Él nunca fue cobarde, no necesitó demostrar nada. Su valor provino de ser uno con Su Padre. Nunca ninguna circunstancia lo derribó, ninguna persona pudo aplastarlo.

37

SU HACER NUEVO

"Y el que estaba sentado en el trono dijo: He aquí, yo hago nuevas todas las cosas. Y me dijo: Escribe; porque estas palabras son fieles y verdaderas".
—Apocalipsis 21:5

Quienes lo veían y oían veían en Jesús algo nuevo, diferente. Nadie había hablado como Él. Ese hombre tenía autoridad, era distinto. Jesús no fue un repetidor de viejas enseñanzas de rabinos, tampoco un compilador y repetidor de frases o ideas tomadas de algún filósofo. No fue un investigador de otras culturas que aplicaba en su contexto, no plagió, ni fue un ecléctico de pensamientos, pero lo que la gente veía era que Él era "de otra clase". Él tomó La Palabra y le dio una nueva aplicación, un nuevo énfasis, un nuevo sabor. Las personas dijeron: ¡Jamás hombre alguno ha hablado como habla este *hombre!* (Juan 7:46). Jesús mencionó citas de dieciséis libros del Antiguo Testamento, y a pesar de que muchos ya conocían los pasajes, igual notaron que había algo poderoso que salía de Él. Esto hizo que la gente fuera impactada, que reaccionara frente a Él, que se quedara maravillada, asombrada, y que pensara:

- *"¿De dónde le vienen estas cosas?"* (Marcos 6:2). Las personas se daban cuenta de que había otra fuente.
- *"¿Cómo entiende de letras sin haber estudiado?"* (Juan 7:15).
- *"¿Qué es esto? ¿Quién es este?"* (Mateo 13:56).
- *"Les enseñaba como quien tiene autoridad"* (Marcos 1:22). En griego, "autoridad" es *exousia,* que significa "desde el propio ser".

Jesús mismo respondió a esas inquietudes cuando dijo: *Todas las cosas que oí de mi Padre, os las he dado a conocer* (Juan 15:15). ¡Es la intimidad la que produce ese impacto! Por eso, cuando vayamos a hablar, dejemos que sea Él quien salga por nuestra boca.

Jesús nunca tuvo que examinar o cambiar lo que dijo, nunca se arrepintió de ninguna palabra que Su boca soltó, nunca confesó un pecado, nunca habló por demás, nunca necesitó que lo aconsejaran en nada. Su hablar fue y será perfectamente hermoso. Jesús caminaba y las multitudes lo seguían; se fue a un monte, y cuando se dio cuenta, cientos de personas lo estaban rodeando. Llegó a la orilla, y era tanta la gente que había que tuvo que pedir prestado un bote para predicar desde el agua.

Iban a verlo y a oírlo personas de todos los lugares y pueblos. ¡Así era la fuerza de Su atracción!

SU HACER SE EXPRESÓ EN LA FACILIDAD PARA HACER TODAS LAS COSAS

Hay cosas que a cualquiera de nosotros nos resultan fáciles y cosas que nos resultan difíciles, dependiendo de la importancia y complejidad del asunto. A Cristo, en cambio, todo le resultó sencillo. Él trabaja en todo momento sin cansancio, y hace las cosas más grandes con facilidad. Todo siempre es sencillo para Él. Cristo hace lo grande y complejo tan fácilmente como lo pequeño y simple a nivel humano. ¡No hay nada demasiado difícil para Dios!

Todas las obras son fáciles para Dios: si destruye y derriba, lo hace con facilidad. En la Escritura encontramos algunas imágenes de cómo Dios "aplasta como polillas" a los enemigos (Job 4:19), de cómo "con un soplo" consume a un león (Job 4:9-10) o de cómo "destruye con una palabra" (Jeremías 18:7). El Señor también "destruye con la mirada" (Éxodo 14:24), "destruye con un silbido" (Isaías 7:18) y "vuelve Su mano" contra los adversarios (Salmos 81:13-14).

¡Ese es nuestro Dios! Él hace grandes obras con facilidad. Él dice: "Vive", y el muerto se levanta, ordena: "calma", y el mar enmudece.

38

SU SINCERIDAD

"No hablaré ya mucho con vosotros; porque viene el príncipe de este mundo, y él nada tiene en mí".
—Juan 14:30

Cristo habló, pensó y vivió en completa perfección. No hizo nada para quedar bien ni para quedar mal. Así fue durante los treinta y tres años de Su vida.

El Señor nunca dijo una cosa cuando quería decir otra, nunca hubo en Él engaño, mentira, falsedad, deshonestidad. Nunca simuló. Cuando hubo que decir algo, lo dijo, y, cuando como humano tuvo que decir que no sabía, también lo hizo. Por ejemplo: "No sé la hora de la venida del Hijo, solo el Padre lo sabe" o "solo el Padre decidirá quién se sentará a mi derecha y quién a mi izquierda".

Todo lo que Cristo dijo es verdad, verdad eterna. Las personas mentimos para obtener placer o evitar un dolor. No obstante, sin importar quiénes lo rodearan, nunca jamás salió una mentira de la boca de Jesús. Fue golpeado y lo llegaron a desfigurar, si Su vida hubiese sido una mentira, tarde o temprano lo hubiese confesado. No hubo nada ficticio en Él, nada artificial, nada actuado. Jesús fue completamente sincero.

Él es sin mancha, sin defecto, y esos son atributos solo Suyos. Él no solo fue bueno, sino que fue perfecto, único. Quienes se acercaron a Cristo se dieron cuenta de Su pecado (Pedro, Juan el Bautista, el centurión romano), porque Su luz mostraba no solo el corazón del Señor, sino la miseria humana. Todos nosotros fuimos, en algún momento, acosados por algún pecado del pasado, por alguna herida del alma, pero Él no.

Su santidad fue pura, hermosa, atractiva, respetuosa, desafiante. Como cita el teólogo Carl Ullmann: "En Jesús la piedad nunca se impone. A pesar de Su santidad sin mancha, siempre estuvo accesible y cercano. Su santidad lo hizo un completo extraño en un mundo tan contaminado".

39

SU EQUILIBRIO PERFECTO

"Y en gran manera se maravillaban, diciendo: bien lo ha hecho todo; hace a los sordos oír, y a los mudos hablar".
—Marcos 7:37

Él todo lo hace bien. En nuestra personalidad caída siempre falta algo. Si uno es fuerte, le falta ternura; si es intelectual, le falta afecto. Aun en el mejor de los equilibrios, nuestra personalidad sigue siendo caída. Todos tenemos inconsistencias y debilidades, pero Cristo posee todas las gracias perfectas, de manera hermosa, maravillosa. Él nunca fue manipulado, nunca fue debilitado, nunca dudó. Su aplomo desconcierta a Herodes, a Pilato, al infierno. Nunca fue capturado en un engaño ni tuvo una palabra fuera de lugar. Él es el vivir perfecto. No hubo ni habrá inconsistencias en Él; no hubo ni habrá desequilibrios en Él; no hubo ni habrá otro amor perfecto hacia ti y hacia mí como el de Él.

Cristo fue majestuoso y tierno, sabio y humilde, serio y alegre, misericordioso y justo. Henry Parry Liddon, predicador inglés, dice bellamente: "Fue amorosamente misericordioso e inflexiblemente justo. Él era la verdad y el amor encarnados. Era firme, pero no obstinado. Estaba tranquilo y reservado, pero no indiferente. Era desinteresado, pero nunca derrochador. Era fuerte, pero no tosco; vigoroso, pero siempre suave. Su osadía fue ser estrecho donde los hombres eran anchos, y ancho donde los hombres eran estrechos. Jesús fue tierno, pero escudriñador".

Podemos tomar cualquier historia narrada en los Evangelios y toda ella será bella en perfección; podemos leer Su vida de manera cronológica y solo se percibe equilibrio perfecto; podemos tomar Sus momentos más difíciles y solo asombro y adoración se desprenden de Él. El misionero y autor cristiano John Oswald Sanders dijo: "La mayoría de los hombres se destacan por una virtud o gracia conspicua: Moisés por la mansedumbre, Job por la paciencia, Juan por el amor. Pero en Jesús lo encuentras todo. Él es siempre consistente en Sí mismo. Ningún acto o palabra contradice nada de lo que ha pasado antes. El carácter de Cristo es uno y el mismo en todas partes".

Respecto de Cristo, Pedro escribió:

> *"Cuando le maldecían, no respondía con maldición; cuando padecía, no amenazaba, sino encomendaba la causa al que juzga justamente".* (1 Pedro 2:23)

"El cual no hizo pecado, ni se halló engaño en su boca".
(1 Pedro 2:22)

"Encomendaba la causa al que juzga justamente".
(1 Pedro 2:23)

Por su parte, Pablo declaró:

"Andad en amor, como también Cristo nos amó, y se entregó a sí mismo por nosotros". (Efesios 5:2)

"Considerad a aquel que sufrió tal contradicción de pecadores contra sí mismo". (Hebreos 12:3)

"Anduvo haciendo bienes y sanando a todos los oprimidos". (Hechos 10:38)

"Se humilló a sí mismo". (Filipenses 2:8)

"Haciéndose obediente hasta la muerte". (Filipenses 2:8)

Sí, Cristo fue y será perfecto por la eternidad. Y así lo afirma el autor inglés George Everard cuando analiza a los hombres bíblicos y sus virtudes, y observa que Cristo las poseía todas:

"Cualquier virtud o gracia que se haya presenciado en otro, estaba plena y preeminentemente en Él.

La *fe* de Abraham;

el *temor piadoso* de Isaac;

la *paciencia* de Job;

la *santidad* de Isaías;

la *oración devota* de David;

la *integridad* de Daniel;

la *sinceridad* de Natanael;

el *fervor* de Pedro;

el *celo* de Pablo;

la *ternura* de Juan...

todo esto, en sus colores más brillantes, brilló en Aquel que estaba *lleno de gracia y verdad*".

> *"Todo él codiciable. Tal es mi amado, tal es mi amigo".*
> (Cantar de los Cantares 5:16)

El equilibrio perfecto de Cristo fue también entre Su cuerpo y Su espíritu.

Nosotros tenemos un lenguaje corporal que expresa nuestras emociones. Lo que sentimos se expresa en los gestos, en las manos, en el rostro. Nuestro cuerpo habla y expresa nuestra alma; sin embargo, el cuerpo de Jesús expresa Su espíritu, la voz de Dios. Todo Su ser ministraba con poder, Su cuerpo se alineaba a la carga que el Padre le decía que soltara. Observemos los siguientes versículos:

- *"Sentado en medio de los doctores de la ley, oyéndoles y preguntándoles"* (Lucas 2:46);
- *"Se levantó a leer"* (Lucas 4:16);
- *"E inclinándose hacia ella"* (Lucas 4:39);

- *"Le tocó"* (Lucas 5:13);
- *"Se apartaba"* (Lucas 5:16);
- *"Y mirándolos a todos alrededor"* (Lucas 6:10);
- *"Y Jesús fue con ellos"* (Lucas 7:6);
- *"Y habiendo entrado en la casa del fariseo"* (Lucas 7:36);
- *"Tomándola de la tomó de la mano"* (Lucas 8:54);
- *"Tomó a un niño y lo puso junto a sí"* (Lucas 9:47);
- *"Volviéndose él, los reprendió"* (Lucas 9:55);
- *"Puso las manos sobre ella"* (Lucas 13:13);
- *"Observando cómo escogían los primeros asientos a la mesa"* (Lucas 14:7);
- *"Llamándolos dijo: Dejad a los niños venir a mí"* (Lucas 18:16);
- *"Deteniéndose, mandó traerle a su presencia"* (Lucas 18:40);
- *"Mirando hacia arriba, le vio"* (Lucas 19:5);
- "Cuando llegó cerca de la ciudad, al verla, lloró sobre ella" (Lucas 19:41);
- *"Pero él, mirándolos"* (Lucas 20:17);
- *"Tomó el pan"* (Lucas 22:19);
- *"Puesto de rodillas, oró"* (Lucas 22:41);
- *"Él nada le respondió"* (Lucas 23:9);
- *"Vuelto hacia ellas, les dijo"* (Lucas 23:28);
- *"Se acercó, y caminaba con ellos"* (Lucas 24:15);
- *"Tomó el pan, y lo bendijo, lo partió, y les dio"* (Lucas 24:30);
- *"Y él tomó, y comió delante de ellos"* (Lucas 24:43);

- *"Gimiendo en su espíritu"* (Marcos 8:12);
- *"Inclinado hacia el suelo, escribía en tierra con el dedo"* (Juan 8:6);
- *"Pero Jesús se escondió y salió del templo"* (Juan 8:59).

Todo el cuerpo de Cristo expresaba el poder de la palabra, la cual traía victoria a Su alrededor. De esta misma manera, Él hoy se unirá a nuestro cuerpo para expresar Su gloria en cada acción corporal.

40

SU PAZ

"La paz os dejo, mi paz os doy; yo no os la doy como el mundo la da. No se turbe vuestro corazón, ni tenga miedo".
—Juan 14:27

Un día antes de morir, Jesús hizo una solemne declaración: *La paz os dejo, mi paz os doy; yo no os la doy como el mundo la da* (Juan 14:27). Así, Él marcó con claridad que hay dos tipos de paz: la paz del alma y la paz de Cristo.

La paz humana, de la carne, es una paz basada en la emoción, en la tranquilidad, en tener dinero o salud, en la ausencia de conflictos, pero la paz de Cristo es Cristo mismo. Pablo expresa en Colosenses 3:15: *La paz de Dios gobierne en vuestros corazones*, es decir, la paz de Cristo es Su gobierno en nuestra vida. Cuando dejamos de luchar y nos rendimos, Cristo mismo gobierna, y eso es la paz.

Todos tenemos una lucha interna entre la carne y el espíritu. Cuando esa lucha cesa, cuando nos rendimos en el Altar, allí la paz gobierna, y ese gobierno nos da descanso, aplasta a Satanás debajo de nuestros pies y nos protege.

En la Segunda Guerra Mundial, a un soldado japonés llamado Hirō Onoda se le ordenó ir a una isla para defenderla. Cuando la guerra terminó, él no lo supo y siguió oculto en la selva. Durante veintinueve años continuó defendiendo la isla, rehusando rendirse. Finalmente, trece mil hombres tuvieron que desplegar su esfuerzo para persuadir a Onoda de que abandonara su inútil y solitaria batalla. En su biografía, este soldado expresa: "Me sentí como un tonto. ¿Qué había estado haciendo todos esos años? Por primera vez entendí la verdad: aquel era el final. Tiré del cerrojo del fusil y saqué las balas. Me quité de encima la mochila que siempre había llevado conmigo y puse el arma sobre ella".

Nuestra guerra terminó hace más de dos mil años en la cruz. ¡Disfrutemos de la victoria! ¡Dejemos que el Vencedor nos gobierne!

Su paz no es solo para los malos momentos, para cuando decimos: "Estoy mal, necesito un poco de paz". La paz de Cristo es para todos los momentos. ¡*Déjate* gobernar por *Él!*

Jesús nunca perdió la paz, Su Padre era quien gobernaba Su vida. Él siempre mantuvo la calma; pasara lo que pasara, nunca fue quebrantado, ni Su paciencia jamás perturbada. Nunca perdió el control en medio del dolor, ni Su habilidad para responder con amor y sabiduría. Cristo nunca fue confundido, aun cuando era interrumpido y resistido, nunca se sintió perturbado ni desilusionado. Nunca deseó el mal a nadie, nunca necesitó ser corregido o tener una opinión de otro. Nunca ocultó sobre su nacimiento; abiertamente dijo que Él existía aun antes que Abraham, mostrando así Su origen eterno. Nunca hizo nada apresurado, ni tampoco necesitó vencer a Sus opositores en sus constantes descalificaciones. No hizo nada que le llevase a perder tiempo, nunca perdió el control. Él fue perfecto tanto en las pequeñas como en las grandes pruebas. En toda la historia de Su vida, no podemos detectar el menor indicio de que resbalara o vacilara. La paz del Padre lo gobernaba. Del mismo modo, hoy a nosotros nos gobierna la paz del Hijo.

Jesús vivió rendido a Su Padre. Él negó todo crédito por Sus obras (Juan 5:19, 30; 7:28); Su mensaje (Juan 7:17-18; 12:49; 14:10); Su tarea (Juan 7:28; 8:42); no hizo Su propia voluntad (Juan 6:38); agradó a Dios caminando con Él (Juan 8:29); no buscó Su propia gloria (Juan 8:50). Y Su rendición trajo el gobierno de la paz a Su vida y a la nuestra.

SU PAZ NO ES SOLO PARA LOS MALOS MOMENTOS, PARA CUANDO DECIMOS: "ESTOY MAL, NECESITO UN POCO DE PAZ". LA PAZ DE CRISTO ES PARA TODOS LOS MOMENTOS. *¡DÉJATE* GOBERNAR POR *ÉL!*

SU PAZ SE EXPRESÓ EN ESPERANZA

La esperanza humana es distinta a Cristo-esperanza. Nosotros esperamos *en el futuro*, lo que esperamos es una cosa *deseada* y siempre se trata de *un algo*, es decir, un auto, un viaje, una casa. La esperanza de Cristo, en cambio, no es en el futuro, sino *ahora*. Esperamos ahora algo de Él, la expectativa de Él es en este momento, por lo tanto, es una esperanza en el presente. Solo cuando dejamos de tener esperanza en otras personas y en nosotros mismos, en nuestra capacidad, en nuestra fuerza, en nuestra inteligencia, cuando entregamos en el Altar toda esperanza humana, Cristo-esperanza se manifestará.

SU PAZ SE EXPRESÓ EN PACIENCIA

La paciencia humana dice: "¡No aguanto más!", "¡Ya se me acabó la paciencia!", "Aquí estoy, ¡esperando!". Así son los matices de la paciencia humana. Sin embargo, en Cristo, Su paciencia perfecta es una resistencia sin amarguras ni quejas, una tranquilidad y un no rendirse frente a la oposición y a los obstáculos.

Hasta que comenzó Su ministerio, Cristo esperó treinta años sin ansiedad. Luego, para ir a la cruz, aguardó otros tres años sin angustia. Él esperó sin rendirse frente a la oposición política y religiosa. Tuvo paciencia con los lentos y también con los impulsivos, con quienes lo amaron y con quienes lo odiaron. Fue firme como una montaña; fue paciente sin amargarse en ningún momento, jamás. Rodeado de impacientes, el Señor tuvo la calma de Su perfección.

41

SU GRANDEZA

"Y los hombres se maravillaron, diciendo: ¿Qué hombre es este, que aun los vientos y el mar le obedecen?".
—Mateo 8:27

Las personas son grandes por sus hazañas, por sus obras, sus pinturas, su poesía, su música, pero Cristo es grande por quién es. Su grandeza es por Su persona. De hecho, Él es la grandeza. En este aspecto, nadie se compara a Él. Cristo nunca fundó un colegio, un ejército o una institución; nunca escribió un libro; nunca salió de los límites de Israel, nunca incursionó en política, y millones de personas a lo largo de los siglos lo amaron y lo adoraron por quién es Él. Cristo no vino a mejorarnos, a darnos lecciones de ética, a hacernos buenas personas, Él vino a dar Su vida por nosotros para que nosotros, al morir en Él, ahora vivamos Su vida y Su vivir sea nuestro vivir.

Un judío ortodoxo le dijo una vez a un cristiano judío: "Supongamos que un hijo naciera entre nosotros hoy, y se dijera de él que nació de una virgen, ¿lo creerías?". "Sí", respondió el hombre, "¡lo creería si fuera un hijo como Cristo!". El Dueño de todo se hizo pobre por ti y por mí. El Creador de los cielos y la tierra no tuvo aquí donde reposar Su cabeza por ti y por mí. El Autor de la vida entregó la Suya por ti y por mí. El que no tuvo nunca pecado se hizo pecado por ti y por mí. ¡Allí reside Su grandeza!

Con estas bellas palabras, describe la grandeza de Cristo el teólogo estadounidense Benjamin Breckinridge Warfield: "Lo vemos entre los miles de Galilea, ungido de Dios con el Espíritu Santo y poder, andando haciendo el bien, sin orgullo de nacimiento, aunque era un rey; sin orgullo de intelecto, aunque la omnisciencia moraba en él; sin orgullo de poder, aunque todo el poder en el cielo y la tierra estaba en sus manos; o de posición, aunque la plenitud de la Deidad moraba en él corporalmente; o de superior en bondad o santidad, sino que con humildad de espíritu, estimando a todos los demás como superiores a sí mismo, curando a los enfermos, echando fuera demonios, dando de comer a los hambrientos… Y, cuando por fin las fuerzas del mal se congregaron en torno a Él, caminando igualmente sin ostentación ni desaliento por el camino del sufrimiento señalado para Él, dio Su vida en el Calvario para que por Su muerte el mundo pudiera vivir".

LA GRANDEZA FUE EXPRESADA EN SU CONOCIMIENTO

Él tuvo siempre un conocimiento exacto, completo y misterioso. Sabía que un pez en el mar tendría una pieza de dinero en su boca, que un asno y un pollino nunca montados serían atados en cierto lugar. Conocía quién de entre una gran multitud lo había tocado con el toque de la fe. Todo fue claro y transparente delante de Él. Sabía en Su espíritu cómo eran los pensamientos y corazones de los que lo rodeaban. Todo estaba abierto ante Él. Es por eso que Sus discípulos le dijeron una vez: "Ahora sabemos que Tú sabes todas las cosas".

Pero ese conocimiento fue limitado a Su dependencia con el Padre. Observa que Él preguntó cuántos panes tenían los discípulos o dónde habían puesto a Lázaro. Llegó a una higuera que estaba estéril y dijo: "Si acaso pudiera encontrar algo en ella"; no sabía el día y la hora de la segunda venida, quién se sentaría a Su derecha y a Su izquierda en el Reino, ni cuándo sería restaurado el Reino de Israel. Jesús caminaba dependiendo de Su Padre cada día. El conocimiento que tenía no provenía de Su intelectualidad, de razonamientos lógicos, de citar a otros autores, ni tampoco de una improvisación en Su hablar, sino que era el resultado de Su intimidad, la cual le permitía acceder, cuando el Padre así lo disponía, al saber eterno.

Jesús nunca escribió un libro, pero millones de autores han escrito sobre Él. Nunca fundó una escuela, pero en miles de establecimientos se enseña sobre Él. Nunca pintó un cuadro, pero Rafael Sanzio, Leonardo da Vinci, Miguel Ángel, fueron cautivados por Él. Nunca edificó nada, pero hermosos edificios y estructuras se levantaron en honor a Él. Nunca escribió una poesía, pero Milton, Shakespeare y muchos otros escribieron sobre Él. Nunca compuso una canción, pero Handel, Bach, Beethoven, compusieron sobre Él. Nunca fundó una empresa, pero miles han dado sus bienes para poder bendecir a otros en Su nombre. Él es precioso en sí mismo.

42

SU TERNURA

"Quiero; sé limpio. Y al instante su lepra desapareció".
—Mateo 8:3

En Su trato con aquella mujer que poseía una enfermedad vergonzante (flujo de sangre), Él esperó sanarla para poder honrarla delante de todos. A una niña muerta le habló como un papá que despierta a un hijo amado de una siesta: "Niña, levántate". A una mujer que llorando le pedía por su único hijo, le habló con ternura y le dijo: "¡No llores!". ¿Y qué diremos de la mujer encontrada en adulterio? Él la liberó de las piedras que le darían fin a su vida y escribió para ella un nuevo caminar lleno de paz.

Como dice el predicador Jonathan Edwards: "La excelencia de Cristo es siempre fresca y nueva, y nos deleitará después de que lo hayamos contemplado tanto mil o diez mil años, como cuando lo hayamos visto en el primer momento. Ves que habías estado persiguiendo sombras, pero ahora has encontrado la sustancia. Te das cuenta de que habías estado buscando la felicidad en la corriente, pero ahora has encontrado el océano". Cada nuevo descubrimiento de Cristo hace que Su belleza parezca más deslumbrante, y la mente no puede ver un final en Su excelencia. Hay suficiente espacio para que la mente vaya más y más profundo, y nunca llegue al fondo. El alma queda sumamente embelesada cuando mira por primera vez la hermosura de Cristo, ¡nunca se cansa de Él!

Dice la Amada en Cantares 4:7: "¡Eres absolutamente hermoso, mi Amado, *sin imperfecciones* en ti!". Ella, "al observarlo y estar con Él", no puede descubrir un defecto. Y lo mismo ha sucedido con los millones que nos hemos rendido a Su amor. Esas mismas palabras retumban por toda la eternidad en cada corazón que lo conoce.

No importaba si eran pueblos pequeños o grandes ciudades, no importaba si era uno, una familia, un grupo o una multitud. No importaba si eran publicanos, fariseos, pescadores o soldados, todos eran atraídos por Él. Y Su atracción era a toda hora. Una mujer fue a Él al mediodía; Nicodemo, de noche; Zaqueo, a la hora del almuerzo. El apóstol amado, cuando lo vio, "cayó como muerto a Sus pies" y entonces escribió Apocalipsis. Y Cristo no solo atrae al amor, también al odio. Multitudes gritaron "¡Crucifícale!" y otros lo golpearon, lo hirieron. Y es que no se odia a alguien débil, nadie odia a un desprotegido, se puede odiar al poderoso, a quien ostenta algún poder, a quien se le teme.

Dice el escritor alemán Gerhard Tersteegen: "Las historias de Teresa, François Fenelon o Madame Guyon nos muestran que el trabajo interno de Dios es independiente de las circunstancias externas. Encontramos santos en palacios y desiertos, en la vida matrimonial y en los claustros, en la iglesia, en la recámara, en la cocina, en las calles, en todos los empleos y en todos los lugares".

> He visto el rostro de Jesús, no me hables de otra cosa. He oído la voz de Jesús, toda mi alma está satisfecha. Todo alrededor es esplendor terrenal. Las escenas terrenales yacen bellas y brillantes. Pero mis ojos ya no las ven, por la gloria de esa luz. Luz que no conoce nubes, ni mengua. Luz en la que veo Su rostro, todos los tesoros incontables de Su amor, todas las riquezas de Su gracia.
>
> —*Gerhard Tersteegen*

CONCLUSIÓN

Amigo, a través de estas páginas, hemos hecho un hermoso recorrido por algunas de las facetas del carácter y de la personalidad de Cristo, y sobre todo por Su preciosidad. Hemos visto que la paz de Cristo es distinta a la paz humana (del alma del hombre caído); Su enojo es distinto al nuestro y, de esta manera, marcamos las diferencias. Su paz y los rasgos de Su carácter son perfectos, llenos de gloria, siendo siempre Él mismo. Y Él, que vive en nosotros, se expresa a través de nosotros. Al morir e ir al Altar ahora somos uno en Él. Lo que Él es se manifiesta en nosotros. Esto hace que en el momento que las personas ven "nuestra paz y nuestro gozo", toquen algo distinto: la presencia del Señor.

Hemos llegado al final de este libro, que con limitadas palabras nos permite contemplar apenas un poco del agua del océano de Su amor. Que Él nos lleve a las aguas más profundas del hermoso carácter de Cristo, y podamos seguir experimentando las bellezas y la gloria en Su persona, ¡aquellas que nadie ha visto todavía!

Cierro esta obra con las hermosas palabras del predicador inglés Octavius Winslow:

> Su amor nos gana.
>
> Su gloria nos encanta.
>
> Su belleza nos atrae.
>
> Su simpatía nos tranquiliza.
>
> Su mansedumbre nos subyuga.
>
> Su fidelidad nos inspira.
>
> ¡Él es totalmente encantador!
>
> Jesús es todo lo que es tierno en el amor.
>
> Jesús es todo lo que es sabio en el consejo.
>
> Jesús es todo lo que es paciente y bondadoso.
>
> Jesús es todo lo que es fiel en la amistad.
>
> Jesús es todo lo que es calma y sanidad.

BIBLIOGRAFÍA RECOMENDADA

Como imaginarás, hay miles de libros que refieren a la vida de Jesús. A continuación te comparto solo algunos títulos que leí con profunda devoción y que me impartieron la vida de Él en cada página:

BELLETT, J. G. (1981). *The Moral Glory of the Lord Jesus Christ*, Bible Truth Publishers.

BLAIKIE, W. G. (2017). *Glimpses of the Iner Life of Our Lord*, Laus Deo Books.

BUSHNELL, H. (2017). *The Character of Jesus*, Leopold Classic Library.

EDWARDS, J. (2017). *The Excellency of Christ*, Curiosmith

GORDON, G. A. (2012) *The Christ Of Today...*, Nabu Press.

HUGHES, T. (2010) *The Manliness of Christ,* Kessinger Publishing

JEFFERSON, C. E. (1908). *The Character of Jesus,* Thomas Y. Crowell & Co.

LIDDON, H. P. (2001). *The Divinity Of Our Lord and Saviour Jesus Christ,* Adamant Media Corporation.

LOCKYER, H. (1986). *Retratos del Salvador,* Editorial Vida.

NICHOLSON, W. (1862). *The Enriching Savior!* Tomado de: https://gracegems.org/Nicholson/enriching_savior.htm

PAYNE, J. and Ullmann, C. (2012). *The Imitation Of Christ,* Nabu Press.

SANDERS, J. O (1982). *Incomparable Christ: The Person and Work of Jesus Christ,* Moody Press Chicago.

SCHLINK, B. (2009). *Mi todo para Él,* Hermandad Evangélica de María.

SPEER, R. E. (2018). *Christian life,* Fleming H. Revell Company.

SPEER, R. E. (2010). *Remember Jesus Christ,* Fleming H. Revell Company.

SPEER, R. E. (2018). *Studies Of The Man Christ Jesus,* Cape Town, Independent Publisher.

ULLMANN, C. (2017). *The Sinlessness of Jesus: An Evidence for Christianity,* Independently published.

WINSLOW, O. *Consider Jesus.* Tomado de: https://www. gracegems.org/Winslows/Consider_Jesus.htm.

WINSLOW, O. *Christ's Sympathy to Weary Pilgrims.* Tomado de: https://www.gracegems.org/Winslows/ Christ_sympathy.htm.